KB092907

끌리는
트레이너의
스피치

1판 1쇄 펴낸날 | 2022년 3월 29일
1판 2쇄 펴낸날 | 2023년 5월 3일

지은이 | 장성호
펴낸이 | 나성원
펴낸곳 | 나비의활주로

책임편집 | 권영선
디자인 | design BIGWAVE

주소 | 서울시 성북구 아리랑로19길 86
전화 | 070-7643-7272
팩스 | 02-6499-0595
전자우편 | butterflyrun@naver.com
출판등록 | 제2010-000138호
상표등록 | 제40-1362154호

ISBN | 979-11-90865-60-9 03320

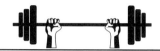

대한민국 최초의 헬스트레이너 성공 지침서

끌리는 트레이너의 스피치

장성호 지음

나비의 활주로

★ ★ ★ ★ ★ ★ ★ ★ ★ ★ ★ ★ ★ ★ ★ ★ ★

"간단하게 만들어라.
기억하게 만들어라.
시선을 끌게 만들어라.
재미있게 만들어라."

- 레오 버넷

◆ ◆ ◆

타고난 말 센스가 없어도,
사교적인 성격이 아니어도
끌리는 트레이너가 될 수 있는
방법이 있습니다.
대한민국 최초의 헬스트레이너 스피치북,
이 책 한 권으로 업계 최고의
헬스트레이너 자리에 우뚝 서십시오.
이 책을 읽은 후 당신의 인생은
180도 달라질 것입니다.

왜 저 트레이너에게는
사람들이 줄을 서는 걸까?

'운동만 잘하면 될 줄 알았는데……'

'교육도 찾아서 듣고 효과적인 운동 방법과 노하우도 많이 알고 있는데

왜 같은 대우를 받아야 하는 거지?'

'나보다 몸도 안 좋고, 경력도 없는 저 사람에게 왜 더 회원이 많을까?'

가격은 평준화되고, 실력은 비평준화된 트레이너 업계는 참으로 신기

합니다. 분명 운동을 지도하고 몸을 만들어주는 직업인데 왜 몸도 그저

그렇고, 경력도 없는 초짜 트레이너에게 더 많은 회원이 생기기도 하는

걸까요? 심지어 그 트레이너에 대한 신뢰도도 더 높습니다. 여기에서 우

리는 트레이너의 능력이 오로지 '좋은 몸, 운동에 대한 전문성'만으로 판

가름 나는 것이 아니라는 사실을 알 수 있습니다. 그래서 운동에 깊이를

더하고, 그 속을 아무리 채워도 이 간격은 좁혀지지 않습니다.

저 또한 멘트의 고수가 되기 전 '운동인'의 입장에서 생각을 했었기에 결과가 좋지 않았습니다. 저는 스물네 살에 처음 트레이너를 시작했을 당시부터 꾸준히 해오던 운동 덕분에 몸은 어느 정도 좋았습니다. 취미로 공부하던 운동 지식은 생활체육지도자 자격증을 취득할 만큼 뒷받침되었기 때문에 당시 화려한 일상을 누리는 직업이라는 환상에 빠져 덜컥 트레이너를 시작했습니다. 그런데 영업 경험이 전무했던 저는 두 달 동안 손가락만 빨며 헬스장 플로워에 마네킹처럼 서 있었습니다. 운동하는 사람들 사이를 돌아다니며 친절하게 운동을 알려주어도 회원들은 쉽게 저와 PT 계약을 하지 않았습니다.

헝그리 정신으로 어렵게, 어렵게 PT 계약을 따내가며 수업하기를 1년. 매달 압박을 받는 매출과 200만~300만 원에서 늘어나지 않는 월급. 그 답답함에 저는 적게는 20만 원, 많게는 200만 원까지 돈을 들여 이것저것 시도를 하였습니다. 효과가 좋다는 운동 소도구도 사보고, 전문 교육도 들어보았지만 생각만큼 계약은 나오지 않았습니다. 아……, 그땐 정말 트레이너를 돈을 벌기 위해 하는 것인지, 돈을 쓰기 위해 하는 것인지 모를 정도로 돈이 모이지 않았습니다. '이럴 거면 그냥 현장 막노동을 하는 게 낫겠다.'라는 회의감까지 들 정도였습니다.

성장하고 발전하기 위해 계속해서 무언가 하고는 있는데, PT 계약은 여전히 막막한 상황을 경험하니 PT 계약이라는 이름의 부담은 계속 자랐습니다. 심지어 계속되는 회원들의 거절을 경험하면서 자신감은 떨어지고 상담이 실패로 돌아가는 경우도 더 늘어나면서 결국 '상담은 두려워졌는데 매출은 올려야 하는 딜레마'에 빠져 정신적 스트레스로 원형탈모까지 생겼습니다.

이런 식으로 오랜 시간이 지나다 보니 저는 더 이상 내려갈 바닥이 없었습니다. 회원들에게 당당하고 주변에 자랑하고 싶은 트레이너가 되고 싶었는데……, 그때 제 모습은 그렇지 못했습니다. 바로 그때였던 것 같습니다. 어린 나이에 팀장으로 스카우트되어온 팀장. 경력도 짧고, 몸도 그저 그랬던 그 팀장이 첫 달부터 1,200만 원의 매출을 기록하며 수많은 회원과 PT 계약에 성공하고 승승장구했던 것입니다. 그 순간 제 안에서 어떤 변화가 일어났습니다. 그 변화가 지금의 저를 만든 '터닝 포인트'였습니다. '운동만으로는 안 되는구나.' '관리된 몸도 의미가 없는 거구나.' 내가 모르는 트레이너의 자질! 회원을 내 사람으로 만드는 그것을 알아야 '이 상황에서 벗어날 수 있겠다.'라는 생각의 전환이 그 터닝 포인트였습니다.

하루는 그 팀장에게 물어봤습니다. 회원이 PT 계약을 하게 만드는 자신만의 노하우가 무엇인지. 그랬더니 이렇게 말을 해주었습니다.

"설명을 하지 마세요. 트레이너가 설명을 할수록 계약 확률은 떨어지게 됩니다."

어떻게 트레이너가 설명을 안 할 수 있을까요? 인바디도 설명해줘야 하고, 운동 동작도 설명해줘야 하고, 또 식단까지 확인하여 피드백을 해쥐야 하는 거 아닌가요? 분명 그 팀장은 다른 트레이너와 하는 방법이 다르기는 했습니다. 정확히 말로 표현하기는 어렵지만 분명 나랑은 달랐던 팀장. 확연한 차이가 겉으로 드러나지 않으니 그 방법에 대한 궁금증은 시간이 갈수록 더해져만 갔습니다. 회원의 마음을 얻는 노하우를 터득하기 위해, 그리고 내 방식대로 가공하기 위해 뭔가 시도해보고 싶은데 방법이 떠오르지 않았습니다. 왜 그 방법들이 보이지 않았을까요?

그 당시 멘토였던 팀장도 제스처는 어떻게 해야 하는지, 30회의 수업 동안 어떻게 소통해야 회원이 재등록 계약을 하는지, 회원과 트레이너에게 서로 도움이 되는 PT 계약을 어떻게 만들어야 하는지 감각적으로만 알고 있을 뿐 구체적인 단계와 과정을 표현할 수 없었던 것입니다. 그리고 운동 기술에는 기본 매뉴얼이 있지만 트레이너의 상담에는 매뉴얼이 없고 융통성만 있었던 것. 이 두 가지가 그 이유였습니다.

지금까지 들려드린 제 과거의 고민에서 '어? 이거 꼭 나 같은데?' 하며 공감하는 분들이 있을 것입니다. 아마 지금도 트레이닝 현장에서는 입에서 입으로 감각적으로만 전달되고 그 누구도 체계적이며 구체적으로 정리해주지 못했던 회원과 PT 계약하는 노하우를 찾고 있을 것입니다.

회원의 거절 없이 단 한 번에 PT 결제까지 이끌어내는 확실한 매뉴얼이 있으면 참 좋을 텐데……. 수학의 정석처럼 '트레이너 상담의 정석' 같은 책은 왜 없지? 운동 강사라면 누구나 궁금해하고 누구나 원할 텐데……. 아무리 찾아보아도 트레이너 맞춤의 상담 매뉴얼이 없는 게 현실입니다. 그래서 제가 만들었습니다!

저랑은 달랐던 팀장. 그와의 차이를 좁히고, 그를 뛰어넘어 센터의 간판 트레이너로 자리 잡을 수 있었던 방법. 그 방법을 1부터 10까지 누구나 따라 할 수 있도록 정리해놓았습니다. 자신의 노동력에 비해 받는 월급이 너무 적은 게 지금 헬스트레이너의 현실입니다. 그들에게 힘을 실어주고 싶었습니다. 코로나19로 월급이 확 줄어든 트레이너들의 어깨를 펴드리고 싶었습니다. 자신이 좋아하는 일을 하면서 돈도 많이 벌게 해드리고 싶었습니다. 내가 해보니 확 달라진 이 경험과 노하우를 같은 업계의 선후배들과 나누고자 합니다. 이 책을 보는 분들은 대부분 헬스트레이너이거나 PT숍을 운영하는 운영자들일 것입니다. 그분들에게 앞으로는 거절당하지 않고 고객이 줄을 서는 기쁨을 선사하고 싶습니다.

솔직히 운동하는 사람들은 운동만 신경 쓰느라 고객을 대하는 방법을 전혀 생각하지 못합니다. 사실 돈을 벌려면 이게 참 중요한데 너무 어색하게 고객을 대합니다. 운동만 잘한다고 돈을 벌 수 있는 게 아닙니다. 고객이 없으면 헬스트레이너라는 직업도 있을 수 없습니다. 고객을 모으지 못하면 PT숍을 운영하기 힘듭니다.

결국 장사입니다. 마인드를 바꿔야 합니다. 나는 이런 일 못 한다고 뒤로 뺄 게 아니라 어떻게 하면 사람들이 나를 찾아올까 고민하고 적극적으로 행동에 옮겨야 합니다. 이 책을 보며 그 마인드만 바꿔도 여러분의 트레이너 인생은 확 달라질 것입니다. 고객의 마음을 끌어당기려면 말하는 멘트 연습, 제스처와 표정 연습도 필요합니다. 단순히 트레이너에 머물면 안 됩니다. 컨설턴트가 되어야 하고, 사업가가 되어야 하고, 인생 설계사가 되어야 합니다.

여러분은 이 책을 통해 단순히 운동만 아는 헬스트레이너에서 1인 기업가, 인생 설계사로 변신을 해야 합니다. 헬스트레이너로 돈을 벌기 위해서는 마인드 전환이 필수입니다.

처음에는 그 전환이 익숙하지 않아서 힘들 수도 있습니다. 그러나 헬스트레이너가 취미가 아니라 직업이라는 마음가짐으로 이 책을 꼼꼼히 읽는다면 인생의 기분 좋은 터닝 포인트가 만들어질 것입니다. 저는 여러분의 연봉 상승을 위한 PT 상담법을 전수하고, 고객들이 스스로 찾아오게 만드는 끌리는 헬스트레이너 마케팅 전문가입니다. 이 책을 통해 끌리는 트레이너가 되십시오. 여러분이 정당한 대우와 대접을 받으며, 일하는 내내 웃음이 끊이지 않기를 진심으로 기원합니다.

대한민국 1호 헬스트레이너 엑셀러레이터(Accelerator)
장성호

CONTENTS

지금까지 여러분은 운동만 공부하던 사람이었습니다.
그 노하우를 전수하려고 했습니다.
그러나 이제는 생각을 바꿔야 합니다.
여러분도 이제는 돈을 생각해야 합니다.
트레이너라는 직업으로 돈을 벌어야 합니다.
그러려면 상담을 하는 스타일부터 바꿔야 합니다.
마인드를 바꾸고, 상담하는 스타일을 바꾸고,
말하는 방식을 바꿔야 합니다.
마인드, 상담법, 말하기, 이 세 가지만 바꿔도
여러분은 분명 끌리는 트레이너가 될 수 있습니다.

PART 1

끌리는
트레이너는
어떤
사람일까?

이런 트레이너에게는
거부감이 든다

◆ 고객을 대하는 헬스트레이너의 유형은 안내데스크형, 학생주임형, 만물상형의 세 가지로 요약됩니다.

먼저 안내데스크형은 손님이 오면 그냥 AI처럼 안내해주는 사람입니다. 그런 사람은 회원의 성향에 대해서는 파악하지 않고 그저 운동법만 이야기합니다. 조금 사무적이고 감정이 녹아들지 않은 사람들이 안내데스크 유형입니다. 이런 사람들에게는 회원들이 절대 줄을 서지 않습니다.

요즘은 인스타그램이 마케팅 도구가 되어서 많이 사용을 하는데 안내데스크 유형은 이 인스타그램에서도 감성과 감정적인 부분을 이야기하지 않습니다. 이들은 운동 기술에 대해서만 이야기하고 오로지 사실만 이야기합니다. 회원이 어떤 사람이든 이 스타일은 변하지 않습니다.

안내데스크형의 헬스트레이너들이 보통 듣는 거절 멘트는 "생각해볼게요."입니다. 회원들은 AI처럼 이 트레이너가 소개하고 알려주는 사실,

정보를 다 듣고 다른 것들과 저울질하며 비교를 시작하기 때문입니다. 기계에서 어떠한 감정도 느끼지 못하는 것처럼 트레이너의 기계적인 설명에 특별한 혜택을 느끼지 못하는 것입니다. 회원들은 조금이라도 끌리는 멘트를 하는 트레이너에게 마음이 갈 수밖에 없습니다.

헬스트레이너는 운동을 통해 몸이 어떻게 변하는지 회원들의 눈앞에 그려주어야 합니다. 상상할 수 있게 해주어야 합니다. 지금과 달라지는 일상에서 경험하게 될 감정과 감각을 선명하게 그려줘야 합니다. 그런데 안내데스크 유형은 회원들에게 그런 그림을 그려줄 수가 없습니다. 질문이 없고 그냥 설명만 계속하니 회원은 그냥 "네." 하고 대답만 하게 됩니다. 헬스트레이너들 중 이런 안내데스크형의 비율은 거의 80퍼센트입니다. 대부분의 헬스트레이너들이 이 유형에 속합니다.

다음으로 학생주임형은 어떤 사람일까요? 학생주임은 매일 학교 정문 앞에서 "너, 이거 똑바로 안 해?" 하면서 지적질을 합니다. 학생주임은 지적질, 꼰대질을 하는 사람입니다. 헬스장에 가면 보통 인바디를 측정해줍니다. 그리고 공식처럼 회원들의 문제를 지적하기 시작합니다. '근육량이 너무 적다.', '기초대사량이 너무 낮다.', '동작이 너무 안 좋다.', '몸이 틀어졌다.', '체력이 너무 약하다.' 등의 문제를 계속 이야기합니다. 그리고 마지막에는 꼭 이렇게 말합니다.

"회원님, 지금 문제가 이렇게 많은데 혼자 하실 수 있겠어요? 회원님은 꼭 배우셔야 합니다."

학생주임형은 전형적인 잔소리꾼, 훈장님 같은 스타일입니다. 그래서 이런 스타일의 상담을 경험한 회원들은 "강요받는 분위기가 무서웠다.", "마치 협박을 당하는 것 같았다."고 말하곤 합니다. 이런 유형을 만나면 기분이 나쁠 수밖에 없습니다. 그러면 마음이 틀어져 다시는 찾아오지 않게 됩니다.

그나마 안내데스크형은 고맙다는 말이라도 듣습니다. 회원 입장에서 뭔가 설명은 많이 들은 것 같으니 고마워하는 것이죠. 고마운 마음에 확실히 거절하지는 않고 "알려주셔서 고맙습니다. 조금 더 생각해볼게요." 하면서 자연스럽게 빠집니다.

그럼 만물상형은 어떤 유형일까요? 말 그대로 회원 앞에 설득 요소들을 좌악 늘어놓는 스타일입니다. 없는 물건 하나도 없고, 가격도 원한다면 융통성 있게 맞춰주는 만물상처럼 말이죠. 그래서 회원이 "가격이 부담돼요."라고 이야기하면 이번 달에 할인 이벤트가 있다고 말하며 매달립니다. 회원이 시간이 없다고 말하면 "잠시만요, 시간도 맞춰드릴게요." 하며 적극적으로 달려듭니다. 이것도 되고, 저것도 되고 부족한 부분이 있다면 일단 이야기해달라고 말하며 다 해준다고 합니다. 어떻게든 회원을 유치하려고 애를 씁니다. 특히 달의 마지막에 영업 매출을 끌어올리려고 이렇게 만물상형으로 가는 분들이 종종 있습니다.

우리 주변에는 이 세 가지 상담 유형을 모두 갖춘 분들도 많습니다. 상담 초반에는 안내데스크형으로 설명을 하고, 지적을 하면서 학생주임형이 되었다가 마지막 클로징에서 거절을 당하면 다시 매달리면서 만물상형이 됩니다. 이 세 가지 유형으로 회원들에게 접근하니 거절을 당할 수밖에 없는 것입니다.

나는 왜
거절당할 수밖에 없었을까?

◆ 만약 '나는 왜 거절을 많이 당하는 걸까?'라고 생각한다면 본인이 혹시 앞의 세 가지 유형에 속하지는 않는지 살펴보시기 바랍니다. 그리고 이 세 유형의 거절 멘트가 무엇이었는지 생각해보십시오. 대부분 거절 멘트가 똑같습니다.

"비싸서 부담돼요."

"한번 생각해볼게요."

"상의해보고 올게요."

"일단 해보고 나중에 결정할게요."

이 멘트 말고는 거의 없습니다. 원인이 똑같으니 결과가 똑같은 것입니다. 그런데 이 책을 다 읽고 나면 적어도 이 말은 절대 듣지 않게 될 것입니다. 그러니 제 손을 잡고, 아니 제 글을 잡고 한 페이지, 한 페이지 잘 따라오시기 바랍니다.

다른 영업도 마찬가지지만 클로징이 안 되면 계약을 할 수가 없습니다. 영업과 세일즈를 할 때 클로징을 유도하는 여러 가지 기법들이 있습니다. 그중에서 헬스트레이너에게 가장 중요한 핵심은 질문법이라 할 수 있습니다. 왜냐하면 리더십으로 회원을 휘어잡아야 하는 트레이너는 끌려다니지 않고 끌고 가야 하기 때문입니다.

예를 들어 만물상형의 경우 "가격이 제일 중요할까요?"라고 물으면 듣는 사람 입장에서는 그 질문에 답을 할 수밖에 없습니다. 이처럼 질문을 하는 사람이 대화를 할 때 선장처럼 방향키를 잡게 됩니다. 질문을 하는 사람이 대화의 주도권을 쥡니다.

솔직히 말해 트레이너 입장에서 PT 상담의 목표는 클로징, 즉 계약하는 것 말고는 없습니다. 그래서 저는 이 책에서 트레이닝 현장에 맞게 녹여낸 질문, 이 질문의 중요성을 계속 강조할 것입니다. 만약 질문하지 않고 자기가 아는 것만 계속 이야기하려고 하면 결국 지금까지처럼 회원들은 달아나버릴 것입니다.

저는 트레이너와 회원의 차이를 '성장'이라고 말합니다. 질문을 통해 회원들이 스스로 생각하게 만들면 운동에 대한 인식이 머릿속에서 성장을 하게 됩니다. 회원들 스스로 자기 자신의 문제를 생각할 수 있게 만들어주는 게 중요합니다. 트레이너는 그런 생각을 하도록 질문을 던져야 합니다. 질문을 이용해 문제에 대해 스스로 말을 하게 되면 알아서 문제를 파악하게 됩니다. 트레이너에게 설득당했다는 거부감 없이 말이죠. 또 이렇게 회원들의 이야기를 듣다 보면 우리는 회원들의 성향까지 알아낼 수 있습니다.

"○○○하게 보이는 게 너무 싫고 그게 고민이에요."라고 말하는 회원의 이야기를 듣게 된다면 트레이너는 회원의 감각적 성향을 알아낼 수 있습니다. **'아, 이 사람은 시각적 표현과 효과에 민감한 사람이구나.'** 이것을 캐치할 수 있습니다. 또 남들이 자기에 대해 이야기하는 것에 민감한 사람도 있습니다. 즉, 청각적인 신호와 표현에 민감한 사람인 것이죠. 끌리는 트레이너는 질문을 통해 그것을 찾아내는 능력이 있는 사람입니다. 그것을 찾아내면 상담의 방향성, 즉 좌표가 생깁니다. 그 좌표가 생겨야 성공으로 이어지는 상담의 항해를 시작할 수 있습니다. 그럼 '이 회원은 이런 유형이다.'라는 좌표를 어떻게 알아내야 할까요? 바로 그 회원에게 질문을 해야 합니다.

가령 어떤 회원이 **남자 친구의 말**을 듣고 예민하게 반응해서 운동을 하려고 한다면 청각적인 면에 중점을 두고 이야기해야 합니다. 또 결혼식에 갔다가 친구들이 **어떻게 보인다고 한 말**에 대해 신경 쓰는 회원이라면 시각적인 것에 민감한 사람이니 시각적인 것에 포커스를 맞춰 이득이나 문제 해결을 제시해야 합니다.

회원의 유형을 파악하지 않고 무작정 인바디부터 설명하려고 하면 회원은 자신의 필요성을 잊고 다양한 거절의 멘트를 날리게 됩니다. 회원은 고객입니다. 고객의 성향을 파악하는 게 우선입니다.

정확한 좌표를 가지고 상담하는 끌리는 트레이너의 중요한 특징 중 하나는 결과가 좋다는 점입니다. 흔히 말하는 상담의 성공률이 높습니다. 그들은 어떻게 좋은 결과를 만들어내는 것일까요? 운동의 전문성만으로 그들과 나의 차이가 만들어지는 것일까요? 저는 그 이유를 밝혀내기 위해 수많은 생각과 연구를 거듭했습니다. 그리고 마침내 그 차이와 이유를 알아낼 수 있었습니다.

그 차이를 알려드리기 전에 여러분 스스로 한 5분에서 10분쯤 고민해 보시기를 바랍니다. 그 잠깐의 생각이 여러분의 빠른 성장을 도울 것입니다. 여러분의 질문이 회원들을 성장시킬 수 있듯이 말입니다. 그 잠깐의 생각 후에 제 이야기를 듣게 되면 분명히 여러분이 미처 생각하지 못했던 이유 때문에 무릎을 탁 치며 공감하게 될 것입니다.

매일 거절만 당하던 당신을 끌리는 트레이너로 전환시키는 결정적인 방법은 바로 '**이기는 싸움에만 참전한다.**'입니다. 끌리는 트레이너들은 이걸 실천하는 사람들입니다. 그들은 회원과의 상담 전쟁(?)에서 상대를 컨트롤할 수 있는 무언가가 있습니다.

지금 전쟁에서 자신의 전술을 펼칠 지형, 날씨, 군사력의 조건을 따져 확실한 승리를 장담할 수 있는 그 순간, 전쟁에서 승리할 상황을 컨트롤할 수 있는 것입니다. 이것이 회원들에게 거절당하지 않고 100전 100승을 거두는 필승법입니다.

우리에게는 운동이라는 수단으로 몸을 만드는 전쟁을 준비 중인 회원이 셀 수 없이 많습니다. 그러니 먼저 회원의 입장에서 그들은 어떤 생각을 할지 한 번쯤 생각해보시기 바랍니다.

'주사도 맞아보고, 시술을 받아봐도 나아지지 않는 허리 통증. 결국 운동밖에 없다고들 하는데 어떻게 시작해야 하지?'
'한약도 먹어보고 이것저것 해봐도 결국은 제자리. 이젠 운동으로 요요에서 벗어나고 싶은데 무엇부터 해야 할까?'

고민은 되는데 어디로 어떻게 방향을 잡아야 할지 방황하는 회원들. 그들의 심리 상태는 어떨까요? 미래에 대한 불안함과 확신할 수 없는 방법들에 대한 답답함, 거기에 한 번쯤 제대로 변해보고 싶은 욕망이 더해져 '애가 타고' 마음이 급할 것입니다.

그럼 이렇게 애가 타는 상황에서 PT를 권유한다면 회원은 어떠한 반응을 보일까요? "한번 생각해볼게요.", "상의해보고 올게요."라며 미룰까요? 아니면 "선생님, 그럼 전 어떻게 해야 하죠?"라며 도움을 요청할까요? 아마도 애가 타는 만큼 PT라는 것이 무엇인지, 일반적인 것과 무엇이 다른지, 또 자신은 효과를 볼 수 있는지 적극적으로 참여하는 모습을 보일 것입니다. 그래서 상담을 진행하면 할수록 끌리는 트레이너는 점점 상담 전쟁에서 승리에 가까워지게 됩니다.

그렇다면 만약 반대로 회원의 심리 상태가 상담이 진행되면 될수록 애가 타기보다 고민이 점점 해결되면서 편안해진다면 어떻게 될까요? 아래의 이야기가 그 사례일 것입니다.

트레이너 회원님, 인바디를 측정해보니 근육량이 낮으시네요. 여기 보시면 그래프가 C자 모양을 보이고 있지요?

회원 네, 제가 근육량이 적었군요.

트레이너 맞습니다. 근육량이 적으면서 C자 모양을 보이기에 기초대사량도 낮으신데요. 혹시 기초대사량이라고 들어보셨나요?

회원 기초대사량이요? 음, 들어보기는 했는데 자세히는…….

트레이너 네, 회원님. 기초대사량은 우리가 숨만 쉬고 가만히만 있어도 소모되는 칼로리인데 회원님은 이것이 낮기 때문에 칼로리 소모가 적어 남들보다 다이어트가 힘든 거예요.

회원 아, 그렇군요.

상담과 체험을 진행하며 자신의 몸 상태를 자세히 알게 되고, 그동안 자신을 괴롭혀온 문제의 원인들도 알게 되면서 회원은 마음이 편안해지게 됩니다. 원인을 알았으니 이제 확실한 해결 방법들을 차근차근 알아보고 꼼꼼히 비교해서 최선의 선택을 하기만 하면 됩니다. 그럼 이렇게 마음이 편안해져 시야가 넓어진 회원에게 PT를 권유한다면 어떤 반응을 보일까요?

'꼼꼼히 비교해보고 선택해야지!' ≫ "생각해볼게요."

'알아보고 최선의 선택을 해야지!' ≫ "상의해보고 올게요."

'같은 조건에 더 저렴한 곳이 있을지 몰라!' ≫ "비싸요."

이것이 일반적인 트레이너와 끌리는 트레이너의 차이입니다. 전쟁의 승패를 점치기 힘든 상황으로 만들어가면서 PT를 권유하는 **'선생님'** 같은 트레이너. 이 조건에서 회원과 PT 계약을 하는 것 자체가 어렵겠지만 그래도 어떻게 회원과 PT 계약을 했다고 가정해보겠습니다.

하나부터 열까지 알아서 알려주고 고쳐주는 선생님 같은 트레이너의 제안을 회원은 잘 따라줄까요? 과거 학창 시절 잔소리하는 담임선생님에게 하듯이 청개구리처럼 뺀질뺀질하지는 않을까요? 심지어 알아서 떠먹여주는 어머니를 대하듯 당연하게 생각하지는 않을까요?

그럼 애가 타는 상황에서 적극적으로 해결책을 요구하는 회원과 PT 계약을 한다면 어떻게 될까요? **'해결사'** 같은 트레이너와 계약한 회원들은 트레이너가 제안하는 것들을 의심하려 할까요? 반대로 스스로 더 의욕적으로 시도해보려 하고 적극적으로 참여하려 하지는 않을까요?

상담 전쟁에서 승리하는 것뿐만 아니라 Before & After라는 결과까지 만들어내는 그들의 상담 컨트롤. 끌리는 트레이너들의 상담 멘트가 3할이라면 전쟁을 컨트롤하는 해결사 분위기의 조성은 7할이 될 것입니다. 여러분은 이 책을 통해 그 전쟁을 컨트롤하는 멘트와 분위기를 익히게 될 것입니다.

끌리는 트레이너가 되려면 어떤 마인드를 가져야 할까?

◆ 끌리는 트레이너의 마인드는 일반적인 서비스업의 관점과 다르게 보는 것부터 시작해야 합니다. 대부분 트레이너 업종을 서비스업이라고 말하곤 합니다. 하지만 흔히 말하는 서비스업이라면 무언가를 고객에게 해줘야 합니다.

미용 서비스업을 예로 들면, 고객은 의자에 가만히 앉아 있고 헤어디자이너가 알아서 고객의 머리를 예쁘게 만들어줍니다. 그래서 고객은 돈을 지불한 만큼 서비스를 받는다고 생각하죠. 이처럼 고객은 돈을 내고 그에 합당한 서비스를 받는 게 서비스업입니다. 여기에 고객의 노력은 단 1퍼센트도 들어가지 않기에 서비스를 제공하는 헤어디자이너의 실력이 무엇보다 중요합니다. 고객이 서비스를 받고 확인되는 결과를 통해 질이 좋은지 안 좋은지 판단할 때 오로지 헤어디자이너의 실력만을 볼 것이기 때문입니다. 네일아트, 학원 강사와 같은 서비스업도 마찬가지입니다. 대부분의 서비스업은 앞의 예처럼 서비스를 제공하는 사람의 실력에 따라 결과가 달라집니다. 그러나 트레이너는 조금 다릅니다.

트레이너의 경우 오히려 회원은 움직이고 트레이너는 가만히 있습니다. 서비스업은 맞는데 서비스를 제공하는 전문가의 실력이 결과에 작용하는 영향력이 적습니다. 오히려 가만히 앉아 서비스를 받아야 할 회원의 노력이 99퍼센트라 말할 수 있을 정도로 영향력이 크죠. 그래서 트레이너는 기존의 서비스업과는 반대의 마인드를 가져야 합니다.

기존의 서비스업은 고객보다 낮은 위치에 있어야 하지만, 트레이너는 레슨을 할 때 지시도 내려야 하고 처음의 초심이 흔들리는 모습이 보일 때 강력한 리더십으로 훈계도 해야 합니다. 고객인 회원과의 관계에서 포지션이 낮으면 어떠한 지적도, 어떠한 피드백도 먹히지 않습니다.

트레이너는 회원과의 관계에서 보다 높은 위치에 있어야 하는 전문가입니다. 종종 1년차 트레이너가 말도 안 되는 매출 성과를 기록하고 담당 회원들의 두터운 팬심까지 만들어내는 상황이 바로 그 증거입니다. 그래서 트레이너는 회원에게 동기부여를 얼마나 잘하는지가 중요합니다. 10년차 트레이너라고 하더라도 설명만 늘어놓고 문제만 지적하며 회원의 동기부여가 떨어져도 방관한다면 좋은 대접을 받을 수 없습니다.

트레이너는 서비스를 제공하는 사람의 실력에 따라 결과가 나오는 게 아니라 이 사람 자체에게 뭔가 따르고 싶은 **카리스마**나 **리더십**이 있어서 믿고 맡길 수 있는 신뢰성이 중요합니다. 알파의 포지션으로 끌고 가는 서비스여야 하는데 지금까지는 트레이너를 일반적인 서비스업과 동일하게 규정해놓다 보니 을의 위치에서 끌려다니는 입장이었던 것입니다. 이 마인드를 바꿔야 합니다. 아우라가 느껴지는 분위기를 형성하고 리더십으로 무장하여 회원을 끌고 가야 합니다.

멘토가 되려면 당연히 기술 수준도 높아야 하겠지만 말로써 회원이 인생의 가치와 성장 그리고 깨달음의 즐거움을 볼 수 있도록 사고방식의 성장도 가져다줄 수 있어야 합니다. 회원의 인생에서 운동이 차지하는 의미를 말로써 눈에 보여줄 수 있어야 합니다. 일반 서비스업처럼 한없이 친절한 운동 도우미, 알아서 운동 프로그램과 식단표를 바치는 심부름꾼이 아닙니다.

끌리는 트레이너의 상담 기법 중에 '밀어내기'라는 게 있습니다. 트레이너 서비스의 특징을 가장 잘 보여주는 상담 기법은 알아서 설명을 해주지 않고, 먼저 안내해주지도 않으며, 문제를 지적하지도 않습니다. 자발적으로 끌리게 만들어 알아서 달라붙는 상담 분위기를 만들어야 합니다. 이것이 트레이너가 갖추어야 할 서비스 마인드입니다.

회원들은 도움이 필요해서 온 사람입니다. 그들은 자신을 설득하라고 자세를 잡고 있는데 대부분의 서비스업처럼 굽신거리면 설득이 될 리 없습니다.

우선 질문을 해서 그들의 생각, 고민, 욕구를 알아내고 스스로 달라붙도록 밀어내야 합니다.

"원하시는 게 뭐예요? 저희가 그걸 해드릴게요."

이렇게 접근하는 건 기존의 서비스업입니다. 그건 회원을 끌고 가는 게 아니라 끌려다니는 것입니다.

저는 일반적인 트레이너의 아픔을 다 겪어서 지금 트레이너들의 아픔과 방황이 다 보입니다. 그래서 안타깝고, 그래서 더 도와주고 싶습니다. 트레이너 업계는 서른 살만 넘어도 노땅 취급을 받습니다. 그래서 트레이너들에게 목표가 무엇인지 물으면 대부분 자신의 PT숍을 차리는 거라고 말합니다.

현장에서는 서른 살만 넘어도 주변에 나와 같은 30대를 찾기 어려울 정도입니다. 트레이너 스스로도 힘들어하고, 고용주인 대표도 나이 많은 사람은 아무래도 부담스럽기에 힘들어합니다. 그래서 50대 헬스트레이너를 찾기란 서울에서 김서방 찾기와 다를 바 없습니다. 그리고 트레이너를 직업으로 선택한 분들은 추석과 같은 명절에 부모님이나 친척들에게 "트레이너는 정년도 짧고 미래도 불투명한데 괜찮겠니?"라는 잔소리 아닌 잔소리에 이어 "기왕 시작한 거 언제까지 할 수 있을지 모르니 젊을 때 바짝 벌어놔야 한다."와 같은 말을 듣게 되니 부담을 안 가지려야 안 가질 수가 없습니다.

트레이너가 한 달에 600만 원을 벌려면 아무리 못해도 하루에 열두 시간 이상을 일해야 합니다. 심지어 기본급 자체가 없다시피 하니 매출 2천만 원을 끊어도 레슨을 하지 않으면 수업 수당도 받을 수 없습니다. 그래서 트레이너들은 매달 영업도 해야 하고, 하루에 10타임이 훌쩍 넘게 수업도 해야 합니다. 업무 자체에 이런 스트레스 요소가 좀 많습니다. 사실 헬스트레이너가 바짝 돈을 벌 수 있는 시간이 그렇게 많지 않습니다. 몸과 마음의 체력 모두를 써야 하는 업무 특성상 지치지 않고 10년 이상을 꿈꾸는 게 현실적이지는 않기 때문입니다. 그래서 20대 때 바짝 돈을 벌고 그것을 잘 불리고 유지해서 사장이 되어 직원을 두고 관리하는 방향, 보통은 그런 시스템으로 갑니다.

이렇듯 가야 할 방향은 정해져 있는데 신기하게도 헬스트레이너 업계는 저처럼 기본적인 마인드를 가르쳐주는 곳도 없고, 헬스트레이너의 아픔과 한계, 시스템에 대해 알려주는 책 역시 없습니다. 그저 입에서 입으로만 구전처럼 전해져올 뿐입니다. 그래서 세상의 흐름에 조금 늦습니다. 여전히 구시대적 방법으로 영업을 합니다.

SNS 시대인데 그것 역시 전혀 활용하지 못합니다. 전단지나 뿌리는 옛날 방식에 젖어 있고, 아직도 가격으로만 경쟁력을 찾고 있습니다. 그게 문제입니다. 구전되어오던 옛날 방식을 벗어던져야 합니다. 방법을 바꾸고, 무엇보다도 서비스 마인드를 바꿔야 합니다. 그래야 끌리는 헬스트레이너가 될 수 있습니다.

제 주변의 몇몇 선배들이 결혼할 때 헬스트레이너라는 직업 자체에 대해 안 좋은 인식을 경험했다고 합니다. 이미 알고 만났지만 막상 상견례를 할 때 헬스트레이너라고 하면 불안한 기색을 감추지 못하기도 하고, 심지어는 헬스트레이너를 운동만 할 줄 아는 아둔한 사람으로 인식하는 경우도 있습니다. 저는 이 인식을 바꿔놓고 싶은 것입니다. 자식들이 아빠의 헬스트레이너 직업을 자랑스러워하게 하고 싶습니다.

우리 헬스트레이너들은 사람의 몸을 바꿔서 그 사람의 인생까지 바꿔주는 특별한 사람들입니다. 사람을 바꿔주는 의미 있는 일을 하는 사람들인데 업무 특성상 세일즈를 해야 합니다. 그러다 보니 하나둘 쌓인 성숙하지 못했던 상담과 강압적인 영업 스타일로 지금과 같은 평판이 생기게 되었습니다.

지금 트레이너에 대한 세상 사람들의 인식은 거의 존중을 받지 못하는 상황입니다. 트레이너가 존중을 못 받는 이유 중에는 분명 영업직이라는 느낌이 강하기 때문일 것입니다. 영업을 하다 보면 **회원에게 친절하게 해야 하는데** 그러다 보면 앞에서도 이야기한 것처럼 **전문가의 냄새를 덜 느끼게 됩니다.**

또 하나는 리더십 측면이 있는데, 회원들이 내 돈 내고 내가 이런 고생을 해야 하는가 반문하는 게 문제입니다. 회원들 입장에서는 어차피 운동이라는 건 자기 하기 나름이고, 트레이너는 그저 알려주기만 하는 사람인데 계속해서 PT를 받아야 할 일이 없다고 생각합니다. 그리고 PT도 받아 보니 결국 내가 열심히 해야 몸이 바뀌는 것이지 이 사람 실력이 그다지 중요한 것 같지도 않고, 말하는 걸 보면 항상 어떻게든 팔아먹으려고 합니다. 그러니 좋게 보일 수 없는 것입니다.

직업에 대한 환상을 품고 시작했다가 트레이너 세계에서 떨어져나가는 가장 큰 이유가 운동으로 뭔가 하는 줄 알았는데 영업을 해야 하기 때문입니다. 또 그 영업에서 거절을 너무도 많이 당하기 때문이죠.

이게 우리 트레이너들의 현실입니다. 이런 현실을 뒤집으려면 마인드를 바꿔야만 합니다. 친절하고 편해서 쉬워 보이는 트레이너가 아닌 오히려 회원을 밀어낼 수도 있는 헬스트레이너로 생각을 바꿔야 합니다. 헬스트레이너가 나쁜 인식의 상황에 처한 것은 모두 헬스트레이너들의 잘못입니다.

회원 한두 명에게 안 좋은 생각을 심어주면 그게 퍼져나가서 쌓이고 쌓입니다. 그러다 보니 세상이 헬스트레이너를 보는 눈이 삐딱한 것입니다. 저는 그 인식을 완전히 바꾸고 싶습니다. 20대 젊은이들에게 헬스트레이너라는 직업이 해볼 만한 직업이라는 인식을 심어주고 싶습니다. 회원들이 의지하고 끌려가게끔 만들고 싶습니다. 저를 통해 적어도 세 사람 이상이 바뀌면 그게 또 쌓여서 퍼져나가지 않겠습니까. 그렇게 하나씩 조금씩 인식을 개선하려고 합니다. 이 책이 그 첫걸음이 될 것입니다.

직업적으로도 헬스트레이너로 스스로를 국한시키지 않았으면 합니다. 몸을 바꾸고, 그래서 한 사람의 미래를 바꾸어주는 **인생 설계사**로서의 역할로 확장하여 생각했으면 좋겠습니다.

헬스트레이너는 사람들을 바꾸고 인생을 바꾸는 몇 안 되는 소중한 직업입니다. 하지만 사람들의 부정적 인식을 바꾸는 데에는 시간이 좀 걸립니다. 저는 그래도 꾸준히 해나갈 생각입니다. 이 책을 한 사람, 열 사람, 백 사람이 읽고 공감하면 그 시간이 조금 더 단축될 것입니다. 그리고 실제 헬스트레이너들의 마인드를 바꿔 그들의 행동에 회원들이 매력을 느끼고 그들을 전문가로 대하는 일이 점점 늘게 만들고 싶습니다. 혼자 하면 힘들지만 같이 하면 쉽습니다. 이 책을 읽는 여러분의 힘을 저는 믿기 때문에 자신합니다. 분명 될 것입니다.

회원을
수다쟁이로 만들어라!

◆ 보통 영업을 잘하는 사람은 말을 아주 잘합니다. 헬스트레이너도 영업이 필요하니 말을 잘해야 한다고 생각할 것입니다. 그러나 천만의 말씀입니다. 정말 말을 잘하면 회원들이 줄을 서는 헬스트레이너가 될 수 있을까요? 절대 아닙니다. 아니, '절대'라는 말까지 쓰며 부정할 정도는 아니지만 적어도 그 말하기 능력이 끌리는 헬스트레이너의 전제 조건은 아닙니다. 저도 말을 잘한다는 이야기를 듣지만 이 말하기 능력은 강의의 능력이지 헬스트레이너로서의 역량과는 상관이 없습니다.

여러분이 말을 너무 잘해서 회원 한 사람에게 한 시간 동안 떠들었다고 합시다. 과연 그 회원이 여러분과 계약을 하려고 할까요? 아마 40분도 안돼서 도망가려 할 것입니다.

그렇다면 정말 말을 잘하는 헬스트레이너는 어떤 사람일까요? 아니, 끌리는 헬스트레이너는 어떻게 말을 할까요? 답은 제가 앞에서도 강조했듯이 '질문의 힘'에 있습니다. 여러분이 회원에게 질문을 해서 회원이 계속 떠들게 해야 합니다. 당신은 그 말을 들으면서 회원이 고개를 끄덕이게 하거나, "이게 어떻게 문제가 될 수 있죠?"라는 식으로 질문을 던지면서 회원이 좀 더 솔직하게 이야기하도록 하면 됩니다. 여기에 더해 끌리는 헬스트레이너는 회원에게 리더십의 아우라를 보여주는 제스처를 취합니다. 이렇듯 질문과 제스처로 뭔가 있어 보이게 하는 전문가적 자세가 중요합니다. 회원에게 저 사람에게는 뭔가 자기만의 무기가 있어 보인다는 느낌을 주는 게 핵심입니다.

처음부터 마지막까지 질문으로 상담의 방향키를 놓치지 않고 전쟁터에서 이기는 여건을 미리 만들어야 합니다. 회원이 생각하게끔 질문을 던지고, 생각의 성장을 이끄는 질문을 던져 성장하게 해야 합니다. 상담에서 회원을 설득하거나 납득시키려 한다면 반대에 부딪히게 될 것이고, 리더십으로 무장하여 질문으로 회원을 성장시켜준다면 거절 없이 알아서 계약하게 될 것입니다. 우리는 그저 회원을 **성장시키는 질문**을 이어가기만 하면 그만입니다.

회원들은 아마 정보를 원할 것입니다. 자기 고민을 해결해줄 진짜 정보 말입니다. 그런데 그 정보를 설명하듯이, 가르치듯이 하면 안 됩니다. 일단 "어떤 고민을 가지고 있나요?"라는 질문으로 상담을 시작하고 '언제부터 고민으로 다가왔는지', '얼마만큼 문제로 체감되는지' 점점 더 깊숙이 질문을 이어가며 오로지 이 목적 달성의 환상을 보여주기 위한 정보들을 질문을 통해 스스로 말하게 해야 합니다. 이렇게 했을 때 같은 효과를 보더라도 회원 스스로 얻어가는 감동이 큽니다. 회원이 자기 이야기를 수다쟁이처럼 말하기 시작하면 자기 생각이 정리되고 말문이 트입니다. 그러면 본격적으로 회원의 수다가 터지게 됩니다. 이 단계가 되면 어느 정도 여러분이 이길 수 있는 전쟁 환경을 만든 것이라고 할 수 있습니다.

간혹 회원의 수다가 점점 엉뚱한 곳으로 흐르는 경우도 있을 것입니다. 그럴 때 여러분이 할 일은 "혹시 이것에 대해서는 어떻게 생각하세요?"라고 질문하며 이야기의 방향을 재설정하는 것입니다. 이렇게 상담의 방향을 컨트롤할 수 있어야 합니다.

여러분은 한 시간의 상담 중 고작 10분 정도밖에 말을 하지 않아도 됩니다. 나머지 50분은 회원이 이야기하는 시간입니다. 그런데 그 회원은 50분간 말한 헬스트레이너보다 10분간 이야기한 당신의 말을 더 신뢰하고 감동받을 것입니다. '질문의 힘'에서 '공감의 힘' 그리고 다시 '질문의 힘'으로 이어지는 이 방법이 여러분을 끌리는 헬스트레이너로 만들어줄 것입니다.

절대 설명하지 마십시오. 절대 회원을 가르치려 하지 마십시오. 여러분은 가르치는 사람이 아니라 방향을 가리키는 사람이 되어야 합니다. 정답의 방향을 모르고 방황하는 회원에게 질문을 통해 스스로 생각하게 하고 올바른 길로 가게 만들어주는 인생 설계사, 변화를 선물하고 미래를 그려주는 멘토가 되어야 합니다.

대부분의 헬스트레이너들이 영업이 싫다고, 말하는 게 힘들다고 합니다. 그 힘든 거 안 해도 됩니다. 방법을 바꿔서 질문을 하고 듣기만 하면 됩니다. 여러분이 여러분의 삶을 대하는 태도만큼 상담을 진행하는 시간만큼은 회원 본인도 자신에 대한 이야기를 계속해서 말하며 행복한 인생을 위해 건강한 몸은 선택이 아닌 필수라는 사실을 스스로 진지하게 받아들이게 만들면 됩니다. 아주 까다로운 회원도 여러분이 질문하고 듣는 사이에 자기 답을 찾아가고, 그 답이 자신의 힘이 아니라 여러분의 힘 덕분이라고 느끼게 될 것입니다.

여러분이 회원에게 던지는 질문은 나침반입니다. 회원이 자기 몸에 대해, 자기 인생에 대해 방황할 때 질문을 통해 자신이 걸어갈 길을 찾도록 하는 나침반입니다. 여러분은 말을 잘하려고 노력하지 말고 나침반이 되십시오. 그게 여러분 앞에 회원들을 줄 서게 하는 비결입니다. 이 책에는 끌리는 트레이너의 다양한 상담법, 대화법이 소개되어 있습니다. 계약, 재등록, 티칭의 방법도 담았습니다. 그 길을 이끄는 첫 번째 열쇠가 바로 질문입니다.

사실 우리는 수많은 성공 사례보다
우리와 비슷한 사람들의
실패 사례에서 더 많이 배우고 깨닫습니다.
미국의 스탠퍼드대학교에서는 실패를 축하합니다.
그 이유는 실패가 사람을 더 성장시키기 때문입니다.
실패에서 세상을 빛낼 창조적 아이디어가 나오기 때문입니다.
그러나 실패에서 그 무엇도 배우지 못하고
좌절만 하는 사람에게는 그저 실패의 누적일 뿐입니다.
트레이너들에게도 참 다양한 실패 사례들이 있습니다.
저는 제가 경험하고 목격한 실패 상담,
실패 클로징들을 통해 여러분은
절대 그 길을 가지 않기를 바랍니다.
같은 실수를 반복하지 않는 것이
성공을 이끄는 지혜가 될 것입니다.

PART 2

트레이너의
상담
실패 사례

실패 사례 1
상담의 시작

◆ ◆ ◆

트레이너 회원님, 안녕하세요.

회원 네, 안녕하세요.

트레이너 지금부터 상담을 도와드릴 건데요, 혹시 운동 목적이 어떻게 되시나요?

회원 제가 요즘 살도 찐 것 같고, 몸도 무겁고 전보다 많이 피곤한 것 같아서 운동을 좀 해야겠다는 생각이 들어서 오게 되었어요.

트레이너 요즘 코로나로 활동량이 줄어들어 갑자기 살쪘다고 찾아오는 분들이 많더라고요. 그럼 혹시 운동을 따로 배워본 경험은 있으세요?

회원 특별히 운동을 배워본 경험은 없고요, 그냥 뜨문뜨문 헬스장 3개월, 6개월 끊어서 좀 다녀본 경험은 있어요.

트레이너 아, 뜨문뜨문 다녀보셨군요. 혹시 운동을 하는 데 제한이 될 수 있는 통증 부위라든지 불편한 부분들은 있나요?

회원 음, 뭐라 해야 될까요. 팔을 들어 올릴 때, 항상 그런 건 아닌데 가끔 갑자기 막 찌릿하면서 아플 때가 있어요. 그래서 병원에도 갔는데 그냥 어깨가 굳었다고만 이야기하더라고요. 그때 물리치료도 좀 받고 그랬는데 치료를 받으면 괜찮은데 시간이 지나면 또 아프고 그래요.

트레이너 맞아요. 시술이라든지 수술이라든지, 아니면 약을 먹는다든지 이런 거는 당장 좋아지기는 해요. 하지만 진짜 일시적이거든요. 그래서 결국 스스로 근육을 올바르게 움직일 수 있어야 해요. 그런데 운동을 잠깐 하실 거 아니잖아요. 그러니 장기적으로 보고 운동하는 게 좋으실 거예요. 기능적인 움직임은 저희가 만들어 드리거든요. 기구들도 굉장히 많아요. 그리고 좀 신기한 기구들이 많아요. 저 기구 같은 경우에는 PGA라고 골프 선수들이 주로 쓰는 그런 기구거든요. 한번 경험해보시면 확신이 드실 거예요. 어깨가 좋아질 거라는 확신 말이죠.

회원 아, 그럼 혹시 여기 가격은 어떻게 되나요?

트레이너 가격은 횟수별로 나눠져 있고요, 30회부터는 저희가 할인도 해 드리고 있어요. 가격표를 보시면 10회에 70만 원, 20회에 120만 원, 30회에 180만 원인데 이번에 저희가 15만 원을 할인해서 165만 원에 해드리고 있습니다.

회원 아, 지금 당장 하기에는 가격이 좀 부담되긴 하네요.

트레이너 그렇게 생각하시는 분들도 있지만 사실 이게 비싼 금액이 아니에요. 저런 기구들도 제대로 사용하실 수 있고, 또 어깨도 건강해지면 병원비나 왔다 갔다 하는 시간도 절약이 되잖아요? 그리고 저희가 몸 컨디션이나 식단 같은 부분도 꼼꼼하게 관리해드리기 때문에 믿고 많이들 하고 계세요.

회원 네…, 알겠습니다. 그럼 생각해보고 내일쯤 연락드릴게요.

트레이너 아니면 오신 김에 수업이 어떻게 진행되는지 받아보고 가서도 좋을 것 같아요. 한번 체험해보시는 건 어떠세요?

회원 아, 괜찮아요. 오늘은 갑자기 상담을 온 거라서요.

트레이너 그러세요? 네, 알겠습니다.

회원 생각해보고 연락드릴게요. 여기 혹시 명함이 있을까요?

트레이너 네, 여기 있습니다.

회원 감사합니다. 생각해보고 연락드릴게요.

실패 사례2
상담의 마지막

LESSON 2

◆ ◆ ◆

트레이너 오늘 운동해보니 좀 어떠신가요?

회원 확실히 도움도 좀 받고 배워서 하니까 혼자 하는 것보다는 운동이 많이 되는 것 같아요.

트레이너 네, 맞아요. 오늘 스쿼드를 해보니 자세가 좋으시네요. 하지만 스쿼드만 계속 반복해서 할 순 없어요. 우리 몸엔 내성이라는 게 있기 때문에 계속 점진적으로 운동을 해줘야 하고 다양한 동작들로 자극을 주어야 하거든요. 앞으로 단계별로 계속 운동을 진행할 수 있도록 꾸준히 헬스장에 나오시면 좋을 것 같아요.

회원 네, 그럼 좋지요.

트레이너 지금 의지가 좀 있으실 때 저랑 같이 운동하면서 배워보시면 좋을 것 같은데 어떠세요?

회원 PT를 말씀하시는 건가요?

트레이너 네, 맞습니다. 혹시 PT는 생각해보셨나요?

회원 음, 만약에 하면 어떻게 진행되는 거예요?

트레이너 진행은 관리가 들어간다고 생각하시면 되시고요, 보통 30번에서 50번 정도로 많이 하세요. 30번 같은 경우는 3개월 동안 살을 빼고 다이어트의 성공을 위해 식단이나 운동을 계속 관리해드립니다.

회원 아, 그럼 혹시 시작하면 언제부터 하는 거죠?

트레이너 저랑 스케줄을 따로 잡고 시작하시면 되시고요, 만약 PT를 받으신다고 하면 오늘부터가 시작이라고 생각하시면 돼요.

회원 그럼 가격은 어떻게 될까요?

트레이너 (가격표를 보여주면서) 가격은 보시는 것처럼 이렇게 되는데요, 보통 30회 같은 경우에는 3개월 정도 기간으로 진행이 되고, 50회는 6개월 정도 된다고 보시면 돼요.

회원 혹시 30회랑 50회랑 가격 말고 특별히 다른 건 없는 건가요?

트레이너 30회랑 50회 말이시죠?

회원 네, 50회가 좀 더 할인이 들어간 건가 해서요.

트레이너 네, 맞아요. 횟수가 올라갈수록 가격은 내려가는데 사실 중요한 건 횟수가 아니라 기간이에요. 예를 들면 아까 저랑 같이 인바디 했을 때처럼 건강한 다이어트를 한 달에 한 2킬로그램 감량으로 잡거든요. 그러니 10킬로그램 이상을 빼시려면 최소 5개월은 잡아야 하고, 50회 정도는 하셔야 해요.

회원 아, 해보고 싶긴 한데 일단 생각 좀 해봐야 할 것 같아요.

트레이너 당연히 생각은 해보셔야죠. 그런데 혹시 어떤 부분에 대해 생각을 해보셔야 할까요? 저에게 말씀해주시면 제가 좀 더 자세히 설명해드릴게요.

회원 사실 가격이 좀 부담되긴 해서요. 150만 원 정도 생각했는데 50회는 좀 부담이 되네요.

트레이너 그럼 원래는 일주일에 세 번씩 5개월 정도 들어가야 하는데, 제가 개인 운동 프로그램도 알려드리고 식단도 꼼꼼하게 관리해드릴 테니 일주일에 PT는 두 번 받으시고 개인 운동 한 번 추가해서 30회로 해보시는 건 어떠세요?

회원 네, 그 부분도 생각해보고 말씀드릴게요.

트레이너 네, 그럼 생각해보시고 언제까지 말씀해주실 수 있나요?

회원 음, 내일이나 모레쯤 말씀드려도 되나요?

트레이너 알겠습니다. 그럼 그때 연락주세요.

끌리는 트레이너가 되려면
상담법과 대화법을 바꿔야 합니다.
말을 많이 하기보다 질문을 많이 해야 합니다.
회원을 생각하게 만드는 질문을 말이죠.
사실 운동만 하던 사람들이
말하는 법, 상담하는 법을 따로
배우지는 못했을 것입니다.
그래서 이 책을 통해 여러분에게
그 가이드를 드리려고 합니다.
거절당하지 않는 상담법,
계약을 이끌어내는 상담법,
끌려다니는 게 아니라 끌고 가는 상담법을 통해
여러분을 끌리는 헬스트레이너로 변신시켜드리겠습니다.

PART 3

끌리는
트레이너의
상담법과
대화법

끌리는 트레이너는
어떤 언어를 사용할까?

◆ 상담을 할 때 어떤 언어를 사용하는지는 회원과 트레이너 모두가 웃으며 계약하는 성공적인 결과를 만들어내는 데 정말 중요합니다. 상담의 언어는 설명형과 질문형으로 나뉩니다.

먼저 설명형은 1부에서 언급한 세 가지 유형인 안내데스크형, 학생주임형, 만물상형이 다 포함됩니다. 그리고 질문형은 제가 적극 추천하는 상담 언어로, 이 형태는 앞의 세 가지 유형과 달리 대화의 방향키를 여러분이 쥐고 주도할 수 있습니다. 그래서 질문형의 언어로 진행되는 상담에서는 이야기가 산으로 가지 않고 빠르게 방향을 잡아가며 50분 안에 좋은 결과를 만들어낼 수 있습니다.

질문형으로 할 경우 트레이너라면 누구나 목표로 하는 전문성이 강력하게 어필됩니다. 그 효과를 저는 '있어 보이다+Ability(능력)'를 합쳐 '있어빌리티 효과'라고 이름 지었습니다. 이는 강력한 이득 제시로 회원을 끌고 가는 헬스트레이너에게 없어서는 안 되는 필수 능력입니다.

마지막으로 질문형의 상담 언어는 회원의 거절 자체를 예방하는 함정 언어로도 사용됩니다. "이것을 원해서 찾아오신 게 맞나요?"라고 되묻고 확인받으며 동의를 받아내는 방식입니다. 이는 이후 클로징을 했을 때 "회원님, 우리가 아까 어떻게 이야기했었죠?"와 같이 동의의 순간으로 돌아가 거절을 할 수 없게 만드는 족쇄의 역할을 하게 됩니다.

방향키를 쥐고 정해진 목적지를 향해 끌고 가려면 설명하는 사람이 아니라 질문하는 사람이 되어야 합니다. 만약 회원이 대화에서 질문을 많이 하게 된다면 상담의 방향은 점점 거절의 종착지를 향해 가게 될 것입니다. 회원이 수다를 떨게 만들지 못하고 자꾸 질문을 하게 만든다면 트레이너는 상담 내내 계속 설명만 해야 하는 방향으로 흘러가기 때문입니다.

만약 상담을 하고 있는 와중에 회원이 이렇게 질문 세례를 한다면 상담의 방향이 어떻게 흘러갈까요?

"식단은 어떻게 먹어야 해요?"

"PT 가격은 어떻게 돼요?"

"운동은 일주일에 몇 번 해요?"

회원이 이렇게 질문 폭탄을 던졌을 때 상담이 어떠했는지 다들 경험해봐서 잘 아실 것입니다. 나만의 차별화된 PT 프로그램을 어필할 기회를 잃고, 심지어 설명을 거듭할수록 PT 프로그램의 가치가 쭉쭉 하한가를 치며 떨어지는 분위기가 형성되고 말죠. 그럴 때에는 당황하지 않고 다음과 같이 나에게 유리한 방향으로 방향키를 돌려버리면 됩니다.

"식단, 중요하죠. 그럼 제가 뭐 하나 여쭤봐도 괜찮을까요? 365일 연예인처럼 관리된 몸을 유지하며 식단에서도 자유로운 분들이 식단보다 중요하게 여기는 것이 있는데 혹시 이게 무엇인지 궁금하신가요?"

이렇게 질문한 후 운동이 식단에 미치는 긍정적 영향을 어필하는 방향으로 방향키를 돌려버리십시오.

여러분 이거 아시나요? 여러분이 방금 소개해드린 것처럼 질문을 통해 방향키를 잡지 못했던 그 근본적인 이유 말입니다.

사실 대부분의 회원들은 정확한 운동, 통증, 재활을 구체적으로 생각하지 않습니다. 헬스, 요가 그리고 필라테스 등 운동은 단어만 들어도 쉽게 상상되어 그려지는 이미지가 있습니다. 그러나 정확한 운동이나 통증, 재활의 경우는 그렇지 않습니다. 하지만 헬스트레이너들은 대부분 통증이나 재활, 해부학 등으로 전문성을 어필하고 싶어 합니다.

교육 현장이 아닌 실제 현장에서의 회원들은 헬스라는 단어에서 그려지는 이미지를 기대하고 방문합니다. 회원들이 기대하는 효과는 바로 다이어트와 체력, 딱 이 두 개인 것이죠. 그래서 엉뚱한 질문으로 엇나가게 됩니다. 왜냐하면 정확한 운동에 푹 빠진 트레이너가 회원이 원하는 핵심과 본질이 아닌 체형의 틀어짐, 근육의 컨디션 같은 것만 물으니까요. 회원들은 굳이 PT를 안 받고 러닝머신만 해도 살이 빠진다는 것을 알고 있습니다. 하지만 혹시나 하는 기대감에 찾아오는데 상담을 받아보니 역시 나인 것입니다.

회원이 다이어트에 대해 질문을 한다면 정확한 운동, 통증, 재활의 방향이 아닌 오로지 다이어트로만 이야기를 해야 합니다. 이럴 때 설명법으로 가면 회원들을 여러분이 원하는 방향으로 이끌 수가 없습니다. 누구나 하는 너무도 뻔한 이야기를 하게 될 것이고, 회원은 질문에 질문을 이어가며 원하는 정보만 쏙쏙 빼내갈 것이 분명하기 때문입니다. 그래서 상담을 여러분이 주도하는 방향으로 잡아가면서 **'이 사람은 뭔가 특별한 방법을 알고 있는 것 같은데?'라는 '있어벌리티'를 보여주어야 합니다.** 그러려면 당연히 설명이 아니라 질문이라는 언어를 사용해야 합니다.

트레이너의 상담 언어에서 '있어벌리티'는 전문가로서의 포스를 보여주는 것입니다. 가능성을 품은 질문은 질문하는 사람에게 뭔가 해결책이 있어 보이게 만드는 효과를 선물해줍니다. '뭔가 있으니 물어봤겠지?'라는 생각을 하게 만들죠. 바로 이 순간 '아! 이 사람이다.'라는 전문가 포지션이 자리 잡게 됩니다. 그 순간에 더 깊이 있게 물어보고, 더 먼 미래까지 물어보게 되면 회원은 점점 그 상담에 빠져들고 생각에 잠기고 바로 앞에 있는 트레이너에게 해결책이 있을 것이라 생각하며 신뢰하게 됩니다.

상담자는 내담자에게 전문가다운 신뢰성을 주어야 합니다. 설명형은

다 말해버려서 밑천이 드러나지만 가능성을 품은 질문형은 계속 뭔가가 있을 것이라는 추측을 하게 됩니다. 바로 그게 '있어벌리티'입니다. '있어벌리티' 역시 끌리는 트레이너의 언어 전략입니다. 끌리는 트레이너는 밑천을 다 드러내면 안 됩니다. 끝없는 밑천을 기대하고 상상하게 만들어야 합니다.

마지막으로 질문형의 언어를 통해 회원들의 거절을 예방하고, 거절을 대비한 함정을 설치해야 합니다. 클로징에 앞서 철저한 대비가 있어야 합니다. 물론 그것 역시 끌리는 트레이너의 언어법으로 방향을 컨트롤할 수 있습니다. 회원이 비싸다고 했을 때 비싸지 않은 이유를 설명하려 들면 안 됩니다. 설명하는 트레이너는 회원에게 끌려다니게 되기 때문이죠. 질문의 언어로 클로징을 하기 전 '비싸지 않다'라는 가치에 대한 동의를 미리 이끌어내 묘하게 끌리고, 그래서 빠져들게 해야 합니다. 거절당한 후 사후 처리가 아니라 거절당하기 전에 가치와 시도에 대한 동의를 이끌어내 예방하는 방향으로 가야 합니다.

쉽게 공감할 수 있는 질문형의 함정 설치를 소개하자면 다음과 같습니다.

"혹시 당신은 여자를 볼 때 얼굴 하나만 보나요? 딱 그것 하나만 중요한 건 아니지 않나요?"라고 물으면 대부분 "그렇지요."라고 말할 것입니다. 이렇게 상대방의 동의를 받아낸 후 "이 사람 한번 만나볼래요? 외모는 평범하지만 성격이 정말 좋아요!"라고 설득한다면 과연 반박하기 쉬울까요? 그리고 만약 상대방이 "아니요, 전 외모가 가장 중요해요."라고 말한다면 그건 그것대로 함정이 되어버립니다. "그럼 이분이 실제로 보면 정말 매력적인데 한번 만나볼래요?"라고 말하면 마찬가지로 반박하기 어려워집니다. 바로 이렇게 **제안을 하기 전 미리 상대방의 대답을 받아내는 것은 질문하는 사람이 원하는 방향으로 유도할 수 있는 함정의 장치가 됩니다.** 본인 스스로 동의하고 합의한 사실 때문에 거절을 하게 되면 대답이 궁색해지고, 뭔가 거절하기 애매해지는 분위기가 됩니다. 그래서 끌리는 트레이너는 미리 질문을 통해 다음 방향에 유리한 대답을 유도하고 100전 100승의 상담 결과를 만들어냅니다.

거절을 못 하게 하는 함정의 유형에는 세 가지가 있습니다.

첫째, 시도에 대한 부분으로 "생각해볼게요."라는 거절에 대한 함정 설치입니다. "만약 그렇게 된다면 한번 해볼 만하지 않나요?" "정말 그런 방법이 있다면 한 번쯤은 알아봐야 하지 않을까요?" 이러한 질문에 "네."라고 동의하고 합의했다면 "생각해볼게요."라고 말하며 거절하기 쉽지 않을 것입니다.

둘째, 가치에 대한 부분으로 "비싸요."라는 거절에 대한 함정 설치입니다. "솔직히 지금까지 날려먹은 시간을 생각한다면 오늘 이 시간, 정말 가치 있는 것 아닌가요?" "1년, 10년 혹은 평생 동안 몸을 관리해주면 병원이나 다른 곳에선 가격을 얼마까지 측정할까요? 그것을 생각해본다면 할 만하지 않을까요? 만약 그렇게만 된다면 말이죠." 이 질문에도 "네."라고 대답을 했다면 이젠 "비싸요."라는 말도 하기가 힘들어집니다.

　그럼 마지막으로 "상의해볼게요."라는 거절에는 어떻게 함정을 설치해볼 수 있을까요? 이는 결정에 대한 부분입니다. "과거에 스스로 선택하지 않고 누군가의 말만 믿고 시도했다가 후회했던 경험들 다들 한 번씩 있지요? 어차피 운동은 스스로 해야 하는 건데……. 모든 결정은 내가 해야 하지 않을까요?" 그러면 당연히 회원은 "네."라고 대답할 것입니다. 누구에게 물어봐도 "네."라고 대답할 당연한 질문이기 때문이죠. 그 정도로 단순해 보이지만 상담에서의 효과는 엄청납니다. 단순한 단 한마디 "네."라는 대답 때문에 거절을 하기가 너무도 힘들어진 것입니다. 왜냐하면 모두 본인 스스로 합의하고 동의했기 때문입니다.

　앞에서도 언급했듯이 회원의 대표적인 거절에는 세 가지가 있습니다. "생각해볼게요." "비싸요." "상의해볼게요." 제주도나 서울 할 것 없이, 퍼블릭이나 PT숍 운영 구조에 관계없이 늘 뻔한 거절의 규칙성에서 벗어나고 싶다면 회원과 본격적인 토론의 싸움장을 만드는 클로징을 하기 전 상대방의 손과 발에 족쇄를 채워 옴짝달싹 못 하게 만드는 동의와 합의를 받아내 애초에 토론을 할 수 없는 백전백승의 조건을 만들고 클로징 멘트를 하십시오. 질문의 언어는 여러분이 파놓은 함정으로 회원을 유도하기 참 좋은 도구입니다.

　아마 이 책을 읽는 분들 중에는 회원과의 OT 상담을 한 번 이상, 심지어 서너 번 진행하며 회원이 "저, 여기 PT는 어떻게 돼요?"라고 말하기만을 기대하면서 열정만으로 상담하는 것에 만족하는 분들도 있을 것입니다. 돈이 중요한 것은 맞지만 회원에게 '이 사람은 너무 돈에 매달리지도 않고 진짜 운동을 생각하게 하는구나.' 하는 인식을 심어주는 것도 중요합니다.

혹시 이런 생각해보셨나요? 단호히 거절하지 않고 OT3, OT4에 응하는 회원들이 "저를 믿고 이번에 사고 한번 쳐봅시다!"라고 말하며 카리스마와 리더십으로 갈팡질팡하는 자신의 마음을 휘어잡아 이끌어주길 기다린 건 아니었을까 하는 생각 말입니다. 회원과 트레이너 모두가 시간 낭비하지 않고 소중한 시간을 제대로 활용할 수 있도록 여지를 두거나 망설이게 하지 말고 빠른 결정을 내리도록 도와주는 것이 바로 끌리는 트레이너의 상담법이라 할 수 있습니다.

헬스장 체험도 필요하지만 빠른 클로징도 서로의 소중한 시간을 위해 중요합니다. 그리고 솔직히 인센티브 없는 수업을 계속 반복하고, 일은 일대로 하면서 돈은 안 들어오는 상황이 계속되면 '돈이 정말 아깝다.'라는 생각이 들 수밖에 없습니다.

트레이너에게 필요한
상담 능력이란?

LESSON 2

◆ 트레이너는 자격증이 따로 없다 보니 진입장벽이 낮습니다. 시작이 쉽다 보니 오늘 뭘 채워야 하는지에 대한 문제가 생깁니다. 그래서 트레이너가 되고는 싶은데 공인된 자격증이 없어 뭘 해야 될지 모르니 연습생으로 시작하기도 합니다. 영화 〈타짜〉에서 무일푼으로 타짜 기술을 배우는 고니처럼 말입니다.

피트니스센터는 평경장이 지방의 화투장을 돌며 고니에게 실전 경험을 시켜주듯 연습생 혹은 수습생의 신분으로 실전 경험을 하게 하면서 연습을 시켜줍니다. 그리고 일주일에 한 번, 한 달에 한 번 정도 스터디를 해줍니다. 사실 스터디를 위해 빼는 그 시간도 돈이긴 합니다. 그래서일까요? 분명 주기적인 스터디를 통해 실력을 키워준다고 했는데 월말 매출을 맞춰야 한다는 핑계로 스터디를 미루고, 예상보다 매출이 안 나온다는 이유로 또 미룹니다. 그렇게 스터디가 예정대로 잘 안 이루어질 때가 현장에서는 정말 많습니다. 이런저런 핑계가 자꾸 생기게 됩니다. 이런 연습생에게 거절을 하는 회원에 대한 적절한 대처법이 있을 리 없습니다.

젊은 나이에 많은 월급을 받고, 심지어 폼 나 보이는 직업인 트레이너. 그래서 인턴십으로 미래를 꿈꾸며 트레이너 생활을 하게 되는데 이런 식으로 조금 해보다가 한 달, 두 달 지나면 기대만큼 배우는 것은 없고, 영업과 매출에 대한 스트레스 때문에 떨어져나가기 시작합니다. 그중에 나름인내력을 가지고 남아 있는 사람들은 잘나가는 트레이너를 꿈꾸며 사비를 들여 여기저기 도움이 될 만한 교육 현장을 유목민처럼 떠돌아다니며공부하고 또 공부하게 되는 거죠.

사실 현장에서는 피트니스센터가 상담과 세일즈 기회의 문만 열어줄뿐 정작 중요한 것은 자기가 직접 부딪히며 스스로 알아가야 합니다. 그러다 보니 제대로 된 상담 교육은 거의 없고 기술 교육만 있게 됩니다. 헬스트레이너의 상담법을 알려주는 책이 아직까지 단 한 권도 없는 이유가바로 거기에 있습니다. 상담 교육은 굉장히 중요한데 기술 교육만 있다보니 결국 회원에게 설명만 계속하게 되는 악순환이 반복됩니다. 회원에게 자꾸 팩트로 설명만 하려고 듭니다.

상담 능력이란 다른 사람의 마음을 읽을 수 있는 능력입니다. 상담은혼자서 하는 게 아니라 상대가 있어야 하고, 누구나 할 법한 이야기가 아닌 서로의 솔직한 이야기를 해야 합니다. 회원이 자신의 고민을 솔직하게 말하도록 하는 방법, 솔직한 대답에 공감해주고 해결 방법을 찾아가는 과정, 그 과정을 기본적으로 익히게 하는 것이 트레이너의 상담법입니다. 그 상담법 중 빠르게 실천할 수 있으면서 효과도 강력한 방법이 질문입니다. 설명하지 않고 질문하는 순간에 평범한 트레이너가 비범한 트레이너로 바뀌게 됩니다. 그만큼 질문의 힘은 강력합니다.

끌리는 트레이너의 질문은 **미완의 질문**과 **완성형 질문**, 두 가지로 구분합니다. 단순히 고개만 끄덕이게 만드는 설명과 달리 대답을 해야 하고, 상상하게 만드는 질문의 효과. 이 효과를 만드는 질문의 형태 중 미완의 질문은 참여형, 상상형, 공감형으로 나눕니다.

참여형의 질문은 "회원님이 만약 저라면 뭐라고 이야기하시겠어요?"와 같이 회원에게 역할을 부여하는 질문입니다. 그러면 회원은 질문에 대한 대답을 위해 제시받은 역할과 상황에 참여하게 되고, 설득하는 분위기 없이 자연스럽게 회원 스스로 설득될 것입니다. 상상형의 질문은 영어로 따지면 'If'입니다. "만약 정체기 없이 계속해서 몸이 바뀐다면 어떨 것 같아요?"와 같이 만약이라는 가정을 통해 회원이 기대하는 그림을 그리게 하는 것이죠. 마지막으로 공감형의 질문은 "그래서 무슨 이야기를 들을 수 있을 것 같아요?"라고 물어보며 시각, 청각, 촉감의 감각적 상상을 유도하는 형태입니다.

참여형, 상상형, 공감형의 질문을 저는 미완의 질문이라고 부릅니다. 이야기의 끝맺음이 없어 그 미완의 빈 공간을 회원 스스로 상상으로 채우게 유도하며 이득의 이미지를 강력하게 심어 넣는 것이죠. 반대로 완성형 질문은 미완의 질문과 달리 미리 정해진 답으로 회원을 유도하는 방법입니다. "일주일에 5일을 운동하면 당연히 살이 빠져야 하는 것 아닌가요? 그렇죠? 그럼 일주일에 몇 번 정도 운동해야 효율적이라는 말을 들을까요?"와 같이 회원에게 구체적인 상황을 묘사하고 그 상황에 참여시켜 정해진 답을 하도록 유도합니다. 이렇게 미리 짜여진 각본의 질문을 프로세스화해서 계속 심어주는 질문이 완성형 질문의 상담 스킬입니다.

이처럼 질문의 유형에는 회원의 상상으로 채우는 미완형과, 내가 이야기를 소개시켜줘서 애초에 다른 생각을 할 수 없게 만드는 완성형이 있습니다. 완성형은 트레이너의 생각을 회원에게 심어주는 유형입니다. 지금까지 트레이너들에게는 이런 질문의 유형, 상담의 스킬을 가르쳐주는 책이 전무하다는 것이 안타까운 현실입니다.

제가 지금 이야기하는 것들은 그렇게 어려운 스킬이 아닙니다. 일단 질문부터 던지면 회원의 태도가 달라집니다. 그리고 그 질문을 미완형과 완성형을 적절히 활용해서 회원의 거절을 차단하는 데 사용하면 됩니다. 정리하자면 참여형의 경우는 "만약 회원님이라면…"이라고 묻고, 상상형은 "만약 정말 그렇게 된다면…"이라고 물으며, 공감형은 "어떻게 보이고 싶어요?", "무슨 소리를 듣고 싶어요?"라고 묻는 형태입니다.

이 세 가지 유형은 미완의 질문법으로 미완의 자리를 채우는 회원의 스토리를 듣고 내담자인 회원의 유형이 참여, 상상, 공감의 형태 중 어디에 가장 민감한지 탐색하고 판별하기 위한, 상담 초기에 적절한 질문 유형이라고 할 수 있습니다. 반면 묘사하고 참여시켜서 원하는 방향으로 유도하는 완성형 질문은 상담 초반의 탐색 목적이 아닌 PT 프로그램의 이득을 회원의 머리에 심어주는 상담 후반에 적절한 질문 유형입니다.

지금까지 **나침반 컨설팅**이라는 이름으로 수많은 트레이너들에게 질문을 해보았습니다.

"앞으로의 목표와 꿈은 어떻게 되나요?"

그럼 참 신기하게도 얼굴 생김새도 다르고 성격, 성향 그리고 살아온 배경도 모두 다른데 목표와 꿈은 너무도 비슷하게 이야기합니다. **"제 센터를 오픈하는 것입니다."**라고 말이죠.

트레이너 업계는 다른 업계와 비교가 불가능하고 특별한 특징들이 여럿 존재합니다. 그중 하나가 '월급 구조'입니다. 저는 강의 특성상 시설을 운영하는 대표와 근무자로 일하는 트레이너 모두를 다양하게 만나고 그들의 이야기를 듣게 되는데, 그 후 내린 결론은 이 월급 구조가 지역마다 다르고 또 같은 지역이더라도 다르고 심지어 같은 직장에 동일한 직급이어도 다르다는 것입니다.

분명 업계의 관행이라는 것이 존재할 텐데 왜 유독 트레이너 업계만 이렇게 월급 구조가 탄력적인 걸까요? 이런 탄력적인 월급 구조 때문에 흔히 "운동 강사는 수명이 짧아."라는 이야기가 나오는 것은 아닐까요? 많은 분들이 근무할 센터를 알아볼 때 급여 조건은 자세히 비교해보고 세심하게 체크하면서 이 부분은 살펴보지 않는 경우가 많습니다. '그 센터는 왜 이런 급여 조건을 제시할까?' '왜 이런 급여 테이블을 세팅하고 있는 걸까?' 이것이 트레이너에게 상담 능력이 필요한 이유입니다.

- 동일하지 않고 탄력적인 급여 조건
- 수명이 짧다는 운동 강사들에 대한 인식

단기적으로는 내 센터를 오픈하게 해주며, 장기적으로는 운동 강사라는 직업이 사회적으로 대우를 받게 만들어줄 상담 능력. 생각하면 언제든지 찾아갈 수 있는 김밥천국처럼 대문이 활짝 열린 일반 음식점이 될 것인가, 아니면 예약하지 않고서는 이용할 수 없는 레스토랑처럼 고급형으로 끌리게 만들 것인가. 트레이너가 정말 제대로 대우를 받으려면 지금처럼 회원과의 계약에서 "해주세요."라고 말하며 권유하는 것이 아닌 "기다려주세요."라고 말하며 선발하는 방식이 되어야 하지 않을까요?

끌리는 PT 상담의 3단계

LESSON 3

◆ 회원을 설득하지 않고 알아서 등록하게 만드는 끌리는 상담. 기존의 상담법과 비교하며 트레이너의 특이성에 맞게 특화된 3단계의 과정을 소개해드리겠습니다.

기존의 상담법은 아이스 브레이킹ice breaking이라는 어색함을 없애기 위한 첫 작업을 합니다. 상담 초반에 가벼운 칭찬을 하거나 날씨 이야기를 하며 딱딱한 분위기를 느슨하게 만들어 첫 대면 단계를 부드럽게 해주는 방식입니다.

다음으로 "운동 목적이 어떻게 되시나요?"라고 질문하면서 회원의 니즈를 파악해나갑니다. 그러면 십중팔구 회원들은 "다이어트요.", "체력 강화요."라는 뻔한 이야기를 하고 트레이너는 "그걸 원하신다면 이렇게 하셔야 합니다."라고 설명하며 클로징하는 것이 기존의 방법입니다. 회원을 설득하여 PT 계약을 이끌어내는 기존의 상담법, 어디부터 뜯어고쳐야 할까요?

일단 저는 아이스 브레이킹부터 하면 안 된다고 이야기합니다. 앞에서 말씀드렸듯이 트레이너가 서비스업이기는 하지만 회원과의 포지션에서 아래쪽에 위치하면 안 됩니다. 그렇기 때문에 PT 프로그램과 연관성 없는 칭찬을 해주거나, 운동의 핵심이나 본질과 관계없는 이야기를 하면 쉬운 사람으로 보일 수 있습니다.

날씨 이야기를 하는 변호사, 외모 칭찬을 하는 의사, 사무실과의 거리를 이야기하는 회계사를 여러분은 상상할 수 있나요? 이렇듯 아이스 브레이킹을 하는 트레이너는 남다른 전문가의 후광 효과와 리더십 있는 포지션을 잡기 힘듭니다.

기존 PT 상담의 3단계는 다음과 같이 진행되었습니다.

1. 아이스 브레이킹 ≫ 2. 니즈 파악 ≫ 3. 설명과 클로징

그런데 끌리는 PT 상담의 3단계는 다음과 같습니다.

1. 포지셔닝 ≫ 2. PE Problem Emotion ≫ 3. SS Solve Situation

기존의 상담과 본질부터 다릅니다. 첫 단계에서 전문가로서 여러분의 자리, 포지셔닝을 잡는 게 가장 중요합니다. 바로 그 지점에서 회원은 여러분에게 신뢰를 갖고 끌려오게 되어 있습니다. 첫 단계인 포지셔닝을 확

고하게 잡아야 그다음 단계가 쉬워집니다. 말로 정확하게 표현할 수는 없지만 뭔가 믿음이 가고, '이 사람은 분명 뭔가 있는 것 같은데?'라는 자신감에 가득 찬 리더십. 상담의 시작에서 이 분위기를 만들어야 회원의 개인적 고민을 들을 수 있습니다.

헬스장을 찾아오는 사람들이 말하는 '다이어트, 체력 강화, 근육 증가'와 같은 뻔한 표면적 문제가 아닌 지극히 개인적인 고민을 이끌어내야 합니다. 끌리는 상담의 1단계는 바로 가벼워 보이는 아이스 브레이킹이 아닌 전문가의 후광 효과를 만드는 포지션 만들기. 그때부터 회원은 심리적으로 트레이너에게 의지하게 됩니다.

그러면 다음으로 이어지는 PE^{Problem Emotion} 단계에서는 단순한 몇 가지 질문만으로도 회원이 느끼는 문제에 대한 감정을 수월하게 파악할 수 있습니다. 왜냐하면 병을 고쳐줄 의사와 질병을 앓고 있는 환자의 관계와 같아지기 때문입니다. 심지어 친근한 동네 의사선생님이 아닌 딱딱하긴 하지만 위엄 있는 3차 병원의 대학병원 의사선생님과 같은 포지션을 잡았기 때문에 "여기에 어떻게 왔어요?"라는 질문 하나에도 회원은 과거의 경험부터 시작해 지금 느끼는 감정까지 술술 이야기하는 수다쟁이가 됩니다.

3단계의 SS^{Solve Situation}는 문제가 해결되었을 때 경험하게 되는 다양한 상황에 대한 이야기를 들려주는 것입니다. 이때는 말을 빨리 하기보다 한 템포 천천히 해야 합니다. 그리고 의도적으로 트레이너와 회원 모두 아무 말도 하지 않고 가만히 있는 시간도 만들어야 합니다. 왜냐고요? 강아지 대통령 강형욱 님이나 육아 심리를 이야기하는 오은영 박사님이 말을 빠르게 하는 모습을 보신 적 있나요? 네, 맞습니다. 남다른 위치의 전문가일수록 말의 템포가 느리다는 특징이 있습니다.

여러분은 회원에게 특별한 트레이너가 되고 싶나요? 그들에게 뛰어난 전문가처럼 보이고 싶나요? 그렇다면 한 템포 숨을 돌리고 나서 이야기를 이어가야 합니다. **상담은 말도 중요하지만 분위기를 만드는 스킬이 더 중요합니다.**

한 템포 쉬어가는 방법도 질문을 적절하게 섞으면 쉬워집니다. 하지만 기존의 상담법인 니즈 파악, 거기에 이어지는 전문적인 설명으로는 회원의 개인적인 고민을 알아낼 수가 없습니다. 누구나 이야기하는 뻔하고 표면적인 고민밖에 알아낼 수 없지요. 그래서 그 공백을 트레이너의 설명으로 채워버립니다.

회원이 상상을 하려면 생각할 수 있는 시간이 있어야 합니다. 그런데 그 상상을 설명으로 막아버리게 됩니다. 심지어 대부분의 헬스트레이너들은 한번 설명하기 시작하면 도중에 못 끊습니다. 그래서 저는 좀 천천히 이야기하라고 강조합니다.

PT 계약으로 이어지는 결과를 위해서는 자기 생각을 이야기하지 말고 회원이 본인의 생각을 말하도록 하는 게 중요합니다. 천천히 말할수록 회원에게 생각할 틈이 생깁니다. 그리고 회원이 자기 생각을 정리하며 이야기를 해야 결론이 빨리 납니다. 자기 생각이 들어가야 자신의 선택에 확신을 할 수 있기 때문이죠. 하지만 50분 만에 결과를 내야 한다는 압박감에 대부분의 헬스트레이너들은 설명을 많이 해버리는 오류를 범했던 것입니다.

혹시 여러분은 이 사실 아시나요? 기존의 방법처럼 설명으로 회원을 설득했을 때 종종 경험했던 실패, 특히 워크인이라 불리는 상담에서 자주 발생하는 결제 후 환불, 설득당한 결론은 왠지 심리적으로 강탈당한 느낌이 듭니다. 그래서 우리는 기존의 낡은 상담 방법을 끌리게 바꿔야 합니다. 자기가 생각해서 결론을 내는 것과 설득을 당해서 결론을 내는 것의 기분 차이와 이후의 만족감은 비교할 수 없기 때문입니다.

트레이너는 자기가 말을 잘한다고 착각하면 안 됩니다. 착각의 늪에 빠지면 안 됩니다. 여기서 말을 잘한다는 의미는 '더듬지 않고 설명을 일목요연하게 잘한다.'입니다.

회원의 니즈를 파악하고 나의 전문적인 지식으로 채워주면 이득을 공감하여 결제를 하지 않을까? 이 지식의 저주에서 빠져나와야 합니다. 세상의 이성적인 논리는 감각으로 느끼고 감정을 가지고 있는 인간에게 믿음을 줄 수 없습니다. 그래서 트레이너의 대화법은 질문의 '있어벌리티' 효과를 이용해 어떻게 보이느냐가 핵심입니다.

눈에 보이는 실체가 없는 PT 프로그램, 이것의 가치를 회원은 트레이너라는 사람에게서 찾습니다. 여기에 기술은 의미가 없습니다. 여러분도 그렇지 않나요? 충치가 있을 때 의사선생님의 경력이라든지 이력사항을 체크하고 치료 여부를 결정하나요? 의사선생님에게 "혹시 의사가 되신 지 몇 년이나 되셨어요?"라고 물어본 적 없지 않나요? 당연할 것입니다. 왜냐하면 대가를 받고 일을 하는 직업이니까요.

만약 여러분이 취미로 운동을 알려준다면 아마 회원은 경력이나 이력을 물어볼 것입니다. 하지만 대가를 받고 일을 하는 직업이기 때문에 이미 기술과 자격 요건은 충족된 것입니다. 우리가 그렇듯 회원들도 기술에 의미를 두지 않습니다. 그래서 끌리는 상담법의 3단계에서는 상담의 분위기에 집중해야 합니다. 회원을 확 휘어잡을 리더십을 보여주는 것, 이것이 바로 설득하지 않고 설득하는 방법입니다. 따라서 앞으로는 상담의 3단계뿐만 아니라 말하는 습관도 신경 써야 합니다.

또 회원에게 '근데'라는 말을 해서는 안 됩니다. 될 수 있으면 부정적인 언어는 사용하지 않는 게 좋습니다. 회원의 말을 중간에 끊는 추임새도 넣지 않는 것이 좋습니다. 상담의 맥이 끊어지지 않게 회원을 계속 수다쟁이로 만들어야 합니다.

'당신의 개인적인 이야기를 들려줘. 그래야 내가 당신에게 딱 맞는 해결책을 생각해낼 수 있어. 숨기지 말고 솔직하게 당신의 이야기를 들려줘.'

상담의 분위기를 계속해서 이렇게 이어갈 수 있도록 툭툭 드리블을 하듯 질문을 던지고 포지션을 잡아야 합니다. 만약 여러분이 끌리는 트레이너처럼 이 분위기를 능숙하게 만들 수 있다면 이 대화법은 꽤 괜찮은 만능 대화법입니다.

최근 들어 대화법에 대한 인식이 많이 높아진 것 같습니다. TV프로그램에서도 대화와 인간관계에 대한 주제가 자주 눈에 띄며, 서점의 베스트셀러에도 항상 대화법을 주제로 한 책이 올라와 있습니다. 그래서일까요? 보험업계와 미용업계, 심지어 골목의 자그마한 식당에 관한 고객 매뉴얼과 멘트 매뉴얼도 서점에 있는데 유독 피트니스 업계만 이런 대화법, 상담법 책이 전무합니다. 그래서 헬스트레이너를 위한 유일한 세일즈 매뉴얼을 담은 이 책을 읽을 여러분에게 당부해드리고 싶은 이야기가 있습니다.

기존의 상담법과 전혀 다른 끌리는 상담법, 입에서 입으로 전해 내려오던 구전설화와 같은 기존 방법과 너무도 달라 그 효과와 결과에 의구심이 들지도 모르지만 그럴수록 지금이 기회입니다.

아무도 관심 없던 유튜브의 미래를 내다보고 먼저 시작한 유튜버들도 먼저 시작했기에 크리에이터라는 자리에 앉을 수 있었습니다. 그리고 그들의 성공을 부러워하며 뒤늦게 시작한 후발주자들은 더 많은 제작비용과 참신한 콘텐츠를 기획해도 그 결과가 어떤가요? 이미 충성 팬을 확보한 선두주자의 유튜버들을 앞질렀나요? 현실은 No! 그래서 여러분에게는 지금이 기회입니다.

수년 전부터 트레이너에게 상담이 중요하다는 사실은 체감하고 있지만 아직까지 뛰어난 운동 기술과 특화된 기법만 있다면 극복할 수 있다는 생각이 자리 잡고 있는 이때, 회원을 설득하는 것이 아닌 회원 스스로 달라붙게 만드는 끌리는 상담법으로 충성 팬을 만들어야 합니다. 그리하여 나만의 영역을 미리 선점해야만 제로섬 게임의 피트니스 시장에서 60세 정년을 이야기할 수 있습니다.

회원과의 첫 인사는
이렇게 하라

◆ 헬스트레이너인 당신은 회원을 처음 만났을 때 어떻게 인사를 하나요? 제가 이 책에서 계속 강조하고 있는 질문 역시 막상 현장에서는 어떻게 해야 할지 잘 모르고, 잘 못하는 경우가 많습니다. 성공적인 PT 계약을 위해 화법에 대한 책이나 유튜브 영상을 보며 공부한 분들도 아마 마찬가지일 것입니다.

회원과의 첫 인사. 너무도 쉬운 상황을 그동안 너무도 힘들게 돌아왔습니다. 상담을 시작하고 바로 문제로 직진하면 될 것을 혹시라도 실례가 될까 봐 빙빙 돌려서 말했기 때문입니다. "식단은 어떻게 드세요?", "운동 경험은 있으신가요?"라고 물으며 빙빙 돌다 시간이 조금 흐르고 나서야 살짝 핵심을 찌르는 날카로운 질문을 시도합니다.

우리는 전문가답게 자신감을 가지고 빠르게 직진해야 하는데 자꾸 망설이고 주저하다 시간을 보냅니다. 그래서 OT2에 도달해서야 본론을 꺼

내는 경우도 있고 심지어 OT3, OT4까지 진행하며 회원이 "여기 PT는 어떻게 돼요?"라고 말하길 기다리는 경우도 있습니다. 변호사들이 첫인사 때 날씨 이야기를 합니까? 의뢰와 관계없는 질문을 하나요? 아마 바로 본론으로 들어갈 것입니다.

저는 회원과의 첫 인사를 '동의 받아내기' 단계라고 말합니다. 춤을 예로 들어보겠습니다. 클럽에서 상대방에게 같이 춤을 추자고 권할 때 그냥 막무가내로 들이대면 당연히 예의 없어 보일 것입니다. 그럼 예의 있어 보이게 조심스럽게 다가가면 될까요? No! 상대방이 느끼는 분위기는 똑같습니다. 왜일까요? 장소 자체가 클럽이기 때문입니다. 클럽에서는 어떤 식으로 어떻게 접근하더라도 장소의 특성상 특유의 분위기를 바꿀 수 없습니다.

그러면 어떻게 해야 할까요? 만약 마음에 드는 상대와 춤을 추고 싶다면 장소를 클럽이 아닌 무도회장으로 바꿔야 합니다. 분위기를 바꿔 매너가 돋보일 수 있게 말이죠. 상담의 장소를 클럽으로 만들지, 무도회장으로 만들지는 바로 '동의'에 있습니다.

무도회장에서는 정중하게 "쉘 위 댄스?" 하면서 먼저 동의를 구하는 게 순서입니다. 그게 기본 매너입니다. 회원을 처음 만났을 때 마치 무도회장에서 "쉘 위 댄스?"라고 말하며 춤을 권하듯 "제가 혹시 질문을 해도 될까요?"라고 말하면서 첫 인사를 시작한다면 상담의 장소는 클럽에서 무도회장으로 변하게 됩니다. 이렇게 상대방에게 동의를 받아내고 대화를

나누는 게 매너이고 진짜 예의입니다. 그 이후에는 눈치를 보거나 돌아갈 필요가 없습니다. 날씨 같은 것을 물으면서 소모적인 아이스 브레이킹을 하지 않아도 됩니다.

질문을 어떻게 해야 할지 모르겠다면 질문을 하는 것에 대한 동의를 먼저 구하고, 그다음에 원하는 질문을 자유롭게 하면 됩니다. 그 후의 적절한 질문은 내담자인 회원을 탐색하는 미완의 질문, 즉 참여형, 상상형, 공감형 중에서 선택하면 됩니다.

전문가일수록 짧은 시간에 핵심을 찌르는 질문을 하고 회원을 이끌어 갑니다. 회원의 성향을 지레짐작하며 간을 보지 않습니다. 회원들이 무엇을 원하는지 파악해 그들의 개인적인 기대와 이득을 충족시켜주어야 합니다. 그들은 당연히 무언가를 기대하고 왔을 것입니다. 우리는 그들이 감추지 않고 솔직하게 이야기할 수 있는 분위기를 만들어주고 그 기대를 하나씩 조금씩 충족시켜주면 됩니다. 그리고 이런 질문을 통해 상상하게 만들고 전문가 분위기의 양념을 더해 답에 대한 갈증을 더 끌어올리면 됩니다.

"만약에 제가 그걸 알려드리면 어떻게 도움이 될까요?"

이런 질문에 답을 생각해내는 과정에서 회원의 마음 한구석에 뭔지 모를 기대감이 점점 자라나게 됩니다. 그러면 질문으로 그 기대감에 부채질을 해주세요. 물론 이때에도 전문가답게 '있어빌리티'를 유지하는 것을 잊지 마십시오.

만약 회원이 적극적으로 반응하지 않는다면 혹시 설명을 너무 해서 기대감의 즐거움을 빼앗지는 않았는지 되돌아보고, 다시 질문을 하면서 회원과 보조를 맞춰가는 게 좋습니다. "자, 지금까지 한 이야기 중에 다시 짚고 넘어가고 싶은 부분은 없나요?" 하고 물은 다음 회원이 동의를 하면 다시 다른 질문을 통해 교감을 해야 합니다. 입에서 입으로 구전되어온 기존의 상담법에서는 이런 동의의 과정, 합의의 과정 없이 설명만 하려는 트레이너가 많다는 게 문제였습니다. 다시 간단하게 요약하면, 회원에게 기대와 이득을 심어주는 질문으로 **원하는 바를 요청하게 만드는 것이 1번, 그에 대한 설명을 해주며 이득을 느끼게 해주는 것이 2번입니다.**

절대 상담 초반에 "운동 목적이 어떻게 되세요?"라는 멘트로 시작하지 마세요. "다이어트요."라는 표면적인 답변을 얻어낸 이후 이어지는 무수한 설명들로 인해 PT 프로그램을 할지, 말지 결론이 나지 않고 클로징에서 거절을 부르는 안내데스크 같은 유형이 되기 때문입니다. 안내데스크처럼 계속 설명만 하다 보면 회원의 생각을 끝에 가서 겨우 알 수 있습니다. 그제야 설득을 하려고 하니 결론이 안 나는 것입니다. 그런데 시계를 보면 이미 시간은 30~40분이 흘러가 있습니다. 아이스 브레이킹과 이어지는 첫 질문으로 틀어진 상담은 이런 오류를 만듭니다.

50분 안에 결론을 내야 하는데 설명하는 데 30, 40분을 쏟아붓는다면 결과는 뻔합니다. 설명의 악습관에 빠지면 절대 좋은 결과를 얻어낼 수 없습니다. 앞으로는 질문에 대한 동의를 받고 이어지는 몇 번의 질문으로 회원의 솔직한 고민을 이끌어내십시오. 그러면 확실히 좋은 결과를 얻을 확률이 높아질 것입니다.

회원에게
라이프스타일을 팔아라

LESSON 5

◆ 헬스트레이너들은 PT 상담에서 회원에게 무언가 팔려고 열심히 설명을 합니다. 그 무언가는 당연히 운동입니다. 그러나 여러분이 팔아야 하는 것은 눈에 보이는 운동이 아니라 라이프스타일이어야 합니다. PT 프로그램에서 운동은 그저 수단에 불과할 뿐, 결과물인 라이프스타일을 팔아야 합니다.

운동을 해서 몸이 변하면 인생이 달라진다고 합니다. 여러분은 그 바뀌는 인생을 어떻게 회원의 눈앞에 보여주나요? 가령 80킬로그램의 여자 회원이 있다고 합시다. 회사에서 강 대리로 불리는 그 여자 회원은 살이 쪘을 때와 빠졌을 때 사람들의 태도가 미묘하게 달라지는 것을 느낍니다. 평소에는 화장을 하든, 아침을 먹든 관심 없던 사람들이 툭툭 관심을 보입니다. 그리고 강 대리는 옆자리의 김 주임에게 이렇게 이야기합니다.

"살 빠지고 나서 일하는 게 좀 편해진 것 같아."

그 말을 들은 김 주임은 다이어트와 운동을 결심하고 헬스장을 찾습니다. 이때 김 주임이 원하는 건 과연 운동 방법일까요?

회원은 자신의 달라진 모습에 다른 사람들의 태도가 변한다든지, 평소 입지 못했던 과감한 의상을 입고 친구들을 만났을 때 대화의 중심에 우뚝 서 있는 자신의 모습을 상상하며 기대감을 품고 트레이너를 찾아옵니다. 그 꿈을 위해 당신을 찾아왔는데 당신이 그 수단인 운동법만 팔고 설명만 한다면?

만약 제가 회원이라면 내 마음에는 관심 없고 어떻게든 설득해서 PT 계약만 하려는 그 센터를 당장 나오고 싶을 것입니다. 운동법은 기본이고 너무나 당연한 일입니다. 이는 치과 의사선생님이 환자에게 충치 치료를 잘할 수 있다고 스스로 어필하는 것과 같습니다. 간호사가 주사를 놓기 전 "저 주사 잘 놓아요."라고 자랑하는 것과 같습니다. 돈을 받고 일하는 직업이고, 그것을 생업으로 하는 사람이 기본으로 통하는 것을 잘한다고 어필하고 이야기하는 것은 스스로를 우습게 만드는 행위입니다. 그러니 헬스트레이너들은 운동법을 팔려 하지 말고 라이프스타일을 팔아서 회원들에게 미래의 변화상을 보여주어야 합니다.

이득을 제시할 때에는 너무 많은 걸 펼쳐 보여서 배가 산으로 가게 하면 안 됩니다. 설명하기를 좋아하는 트레이너는 PT를 받으면 이것도 좋아지고, 저것도 좋아진다고 늘어놓곤 합니다. 마치 길거리에서 만병통치약이라며 약을 파는 사람처럼 보이는데도 그렇게 합니다.

이득을 제시할 때에는 그 회원이 가장 원하는 단 하나만을 콕 집어서 집중해서 말하는 게 좋습니다. 그리고 어필하고 싶은 나머지 이득을 펼쳐 보이지 말고 도미노처럼 회원이 원하는 그 단 하나의 뒤에 놓아주세요. 마치 도미노처럼 맨 앞의 하나만 넘어가도 전부 넘어갈 수 있도록 말이죠.

"만약 그것이 좋아진다면 혹시 또 무엇이 좋아지는지 아세요?"
"살을 뺀 분들이 생각지도 못했던 것이 달라졌다고 하는데 혹시 그게 무엇인지 아세요?"

이렇게 말입니다. 이 질문들에 대한 대답을 생각하며 회원의 머릿속에는 이런 형태로 이득이 자리 잡게 됩니다. 'PT를 받게 되면 살이 빠지는 것은 당연하고, 연달아 넘어가는 도미노처럼 뒤이어 따라오는 이득들까지 모두 얻게 되겠구나. 그렇다면 한번 해볼 만하겠는데?'

트레이너의 능력이 아무리 뛰어나다고 해도 결국 운동을 하고 식단을 관리하고 자제력을 발휘하는 건 회원 자신입니다. 끌리는 트레이너는 리더십 있는 대화법과 질문을 통해 회원들에게 계속해서 뒤따라올 이득에 대해 상상하도록 하며 끊임없는 동기부여와 열정을 심어주어야 합니다. 비록 1년차 트레이너라 해도 이 상담법과 질문의 기술을 가지고 있다면 첫 상담에서 회원과 계약에 성공하게 되고, 심지어 지속적으로 상상 요소를 집어넣어 끊임없이 동기부여를 해준다면 중도 하차 없이 목표한 결과를 만들게 될 것입니다. 그래서 운동의 기술을 통해 **'가르치는'** 트레이너가 아닌 승리의 달콤함을 선명하게 그려주고 그 방향을 **'가리키는'** 끌리는 **트레이너**들은 그 특유의 리더십으로 회원의 자제력과 실천력을 끌어올려 확실한 결과를 만들어냅니다.

그렇게 센터에 하나, 둘 걸어 다니는 홍보판이 점점 늘어나게 된다면? 관심은 있었지만 조금 소극적이어서 구경만 하던 회원들이 '어, 왜 저 선생님만 만나면 회원들의 몸이 좋아지는 거지?' 하며 궁금해할 것입니다. '저 선생님의 회원들은 스스로 운동을 다 잘하네?' 하며 다른 트레이너들도 자극을 받을 것입니다. 이렇게 센터의 간판 트레이너가 되고 입소문이 나면 회원들이 줄을 서게 됩니다. 이 모든 변화가 시간과 경험이 쌓여야 하는 운동 기술이 아닌 단지 대화법과 상담법만 바꾸면 가능한 일입니다.

물론 그렇다고 운동 기술이 전혀 의미가 없다는 것은 아닙니다. 회원과 상담을 하는 대화법 중 신규 상담을 위한 대화법과 재등록을 위한 대화법이 다르긴 합니다. 신규 상담을 위한 대화법은 말 그대로 처음 운동하러 온 사람을 대상으로 하기에 계약에서 상징적 요소가 강해야 하지만, 재등록의 경우에는 그 과정에서 체감되는 부분이 첫 계약과 달리 중요해집니다. 즉, 운동 기술이 빛을 보는 단계는 회원이 이미 내 고객이 된 다음으로, 첫 계약이 성공적으로 이루어져야 의미를 찾을 수 있습니다.

첫 계약이 되었든, 재계약이 되었든 끌리는 트레이너를 경험한 회원들은 남다른 편안함을 느낍니다. 안내데스크형처럼 설명만 해 지루하지도 않고, 학생주임형처럼 문제를 지적하며 회원을 초라하게 만들지도 않습니다. 만물상형처럼 어떻게든 설득하려 들지도 않고 말이죠. 그래서 회원들이 끌리는 트레이너에게는 리더십과 인간적인 매력을 느끼게 됩니다. 그리고 그 매력이 사람을 자꾸 부릅니다.

자꾸 만나는 회원이 늘면서 PT 계약의 클로징까지 다 되면 꽉 들어찬 수업으로 회원들이 줄을 서게 됩니다. 이 줄 서기 효과는 시각적으로 참 보기가 좋습니다. 그만큼 능력이 있어서 줄을 선다는 것을 증명해주니까요. 이상하게 만나는 사람마다 만족하고 웃으며 계약하는 상황이 연출되고, 그 상황을 다른 회원이 지켜보면 '저 사람, 뭔가 있나 보다'며 후광 효과로 끌리게 됩니다.

공감을 부르는 언어를 사용하라

◆ 회원에게 질문을 할 때 너무 건조하게 말해서는 안 됩니다. 질문이라는 것은 답을 얻기 위함도 있지만 상대방과 소통을 하기 위한 목적도 있습니다. 그래서 앞으로는 소통을 위해 감각의 단어를 사용해 질문을 해야 합니다.

"어떤 소리를 듣고 싶으세요?" (청각)
"어떻게 보였으면 좋겠어요?" (시각)

이런 감각을 묻는 질문을 받으면 단순하게 정보를 전달하는 답이 아니라 생각과 감각이 혼합된 답이 나옵니다. 이 감각의 단어 때문에 끌리는 트레이너들은 "어쩜 그렇게 공감을 잘하세요?"라는 소리를 자주 듣습니다.

앞에서도 여러 번 강조했듯이 우리는 회원을 수다쟁이로 만들어야 합니다. 질문의 드리블을 이어가며 말하는 즐거움에 빠진 회원의 이야기를 들어야 합니다. 그리고 이야기를 들을 때에는 회원이 사용하는 단어에 집중하세요. **무의식적으로 내뱉는 감각의 단어를 놓치지 않고 캐치 하는 순간 회원과의 교감이 이루어집니다.** 그렇게 잘 들으면 공감이 되고 해답은 저절로 나옵니다. 그런데 애석하게도 많은 헬스트레이너들이 공감의 중요성을 알고 있으면서도 어떻게 해야 하는지 그 방법을 잘 모릅니다. 경청을 하고 싶은데 어떻게 해야 하는지 모르니 공감도 못 합니다.

공감은 강도에 따라 세 종류로 구분할 수 있습니다. 그중 첫 번째는 '상황 공감'입니다. 상대방의 현재 상황 자체를 공감해주는 것으로 "아, 어깨가 아프시군요.", "맞아요. 많은 분들이 요즘 코로나로 살이 쪘다고 하더라고요."와 같이 지금의 상황을 공감해주는 것입니다. 공감 후 어떠한 흔적도 남지 않는 가장 낮은 수준의 공감으로, PT 상담에서 하면 안 되는 그런 공감입니다.

상황 공감보다 조금 더 강력한 것은 '감정 공감'입니다. 상대방이 경험한 일에서 느꼈을 법한 감정까지 공감해주는 것이죠.

"아이고, 어깨가 아파서 평소에 얼마나 불안하셨어요."
"코로나로 특별히 할 수 있는 것도 없고 그동안 얼마나 답답하셨어요."

이런 말에는 감정이 들어가기 때문에 상대방이 친밀감을 느끼게 됩니다. 그런데 이런 표현도 친해질 수는 있지만 짧은 시간 안에 전문가 포지션을 잡고 나에게 의지하게 만들 수는 없습니다. 그래서 끌리는 상담법에서는 더욱더 강력한 공감을 사용합니다. 바로 '확인받기'를 통해 공감을 눈앞에 보여주는 것입니다.

확인받기에는 첫 번째 상황 공감과 두 번째 감정 공감이 모두 포함되어 있습니다.

"네, 그럼 혹시 제가 이해한 게 맞는지 한번 들어봐주세요. 아까 말씀하신 고민이 어깨가 아프고 불편하다, 그래서 평소에 답답함을 느꼈는데 해결 방법이 있다면 한번 알아보고 싶다. 혹시 맞나요?"

이렇게 질문을 던지면 본인이 말했던 상황에 감정의 살만 붙였기 때문에 회원은 너무도 쉽게 "어, 네, 맞아요." 하고 대답을 하게 됩니다. 그러면서 자연스럽게 '이 사람이 내가 이야기한 것을 이해했구나.' 하고 공감을 눈앞에서 확인하게 되는 것이죠. 이것이 끌리는 트레이너의 남다른 공감 노하우입니다.

분위기를 통해 공감을 추상적으로 느끼게 하지 말고 말로써 공감을 구체적으로 눈앞에 보여주고 확인받아야 합니다. 이런 말이 있습니다.

"모든 이해는 오해다."

분위기와 뉘앙스만으로는 100퍼센트 공감을 장담할 수 없습니다. 그래서 공감을 확인받는 것, 이것이 기본 원칙입니다. 그리고 이 또한 질문의 스킬이기도 합니다. 사소해 보이지만 정교하게 짜여진 질문은 강력한 공감을 만듭니다.

비교의 기술을 예로 들어보겠습니다. 안내데스크형의 트레이너가 이렇게 비교하며 회원에게 전문성을 어필한다면 회원은 그 이득에 얼마나 공감할까요?

"회원님, 오늘 함께 운동하면서 느끼셨겠지만 자기 체형에 맞게 운동하는 것이 정말 중요합니다. 저희는 다른 곳과 달리 인체 해부학이나 체형적인 부분에 특화된 프로그램이 있어서 회원님에게 더 많은 도움을 드릴 수 있습니다. 이번에 저희 센터에서 PT를 받아보시는 것 어떠세요?"

이 설명을 들은 회원은 자세히 알지도 못하는 정보와 경험하지 못한 감각적 표현 때문에 이득을 공감하기보다 "아, 이 사람은 날 설득하려 하는구나." 하고 마음의 벽이 생기게 될 것입니다.

그렇다면 끌리는 트레이너는 비교의 기술을 어떻게 사용할까요?

"저희와 함께한 분들이 이곳은 다른 곳과 정말 다르다고 이야기하시는데 무엇이 다른지 회원님은 혹시 아실까요?"

비교 또한 이렇게 질문으로 한다면 회원은 대답하기 위해 상상을 하기 시작합니다. 그러면서 "뭔가 있나 보다." 하는 '있어빌리티'가 발동되고 오히려 설명하는 것보다 전문성이 높아집니다.

저는 헬스트레이너들에게 강의를 하면서 안타까운 실패 사례를 많이 봤습니다. 보통은 습관처럼 종이에 회원의 프로필을 적습니다. 그리고 "식사는 어떻게 드세요? 운동 목적은 어떻게 되세요?"라고 하나씩 질문을 시작하며 시동을 겁니다. 그런데 핑퐁핑퐁! 하나씩 오고가는 질문들 때문에 회원의 솔직한 이야기를 듣는 분위기가 되기보다는 뭔가 경찰서에서 조서를 쓰는 느낌이 강하게 듭니다. 오히려 질문을 하면 할수록 분위기는 더 딱딱해지고 솔직한 이야기를 하지 못하게 만듭니다. 저는 그런 상황이 너무나 안타깝습니다.

앞으로는 회원을 앉혀놓고 경찰서 조서를 쓰듯이 하나씩 질문하지 마십시오. 그런 대화에서는 어떠한 공감도 기대할 수 없고, 회원과의 계약에서 멀어지게 됩니다. 그렇다고 과거의 실수를 자책할 필요는 없습니다. 대부분 센터에서 그렇게 프로필 작성을 요구해 안 할 수가 없었던 것이니까요. 이제부터라도 상담에서 프로필 카드를 작성하지 않으면 됩니다. **입에서 입으로 전해 내려오던 그 과거, 선배들의 라떼였던 그 시절엔 PT 프로그램에 대한 소개만 열심히 해줘도 회원들이 알아서 계약을 해주었지만 지금은 시대가 달라졌고, 회원들의 성향도 달라졌습니다.**

PPT를 예쁘게 해서 보여주는 것도 사실은 설명과 설득입니다. 자기 딴에는 잘했다고 생각하고 뿌듯해할 것입니다. 그것을 만드는 데 들어간 시간과 공이 적지 않을 테니까요. 심지어 어떤 트레이너는 디자인을 예쁘게 만들면 진짜 전문가 같아 보일 것이라고 착각하기도 합니다. 그 잘 만든 PPT가 오히려 여러분의 전문가다운 이미지를 깎아 먹을 수 있다는 사실을 알아야 합니다. 차라리 회원과 직접 대면하는 상담 상황에서 공감과 소통에 집중하는 편이 낫습니다.

회원들은 예쁘게 만든 PPT를 보면서 '여기는 설득하는 말하기를 잘하네. 쉽게 넘어가지 않도록 집중하고 조심해야지.'와 같이 심리적 방어벽을 만들게 되고, 트레이너가 제시하는 이득을 온전히 받아들이기보다 비판적으로 수용하게 됩니다.

아무래도 트레이너라는 직업이 보이는 직업이다 보니 어떠한 현상에 대한 가치 판단을 내릴 때 겉모양을 조금 많이 봅니다. 사실은 상담의 분위기와 공감이 중요한데 다들 아이패드 같은 것을 갖다 놓고 천편일률적으로 설명을 합니다. 그런데 그것이 착각이었던 것입니다. 전자 제품을 파는 매장에서 멋들어진 영상과 자료들로 설명을 잘하는 판매 직원과 같습니다. 매뉴얼의 소개는 전문가로 보이기보다 오히려 그저 그런 판매원으로 보이게 합니다.

이 책에는 성공 사례보다 실패 사례가 더 많이 소개되어 있습니다. 읽다 보면 '어, 이거 내가 상담하는 스타일인데?'라고 생각되는 부분도 있을 것입니다. 저는 그 스타일을 바꾸고 상담의 분위기를 바꾸려는 것입니다.

대부분 악습관을 반복하며 회원들에게 거절을 당합니다. 그리고 그 과정이 전혀 전문가다워 보이지 않고 그냥 설명하기에만 급급해 보입니다.

나중에 회원이 떠나갈 기미를 보이면 할인 이벤트를 제시하며 매달리는 경우도 있습니다. 그런데도 이 저자세의 분위기와 전문가로 인정받지 못하는 상황을 바꾸려 하지 않습니다. 그러면서 왜 나에게는 회원들이 줄을 서지 않는지 답답해하죠. 사실 그런 트레이너들을 보는 제가 더 답답합니다. 어떤 회원이 비싸다고 하소연하면 서비스 수업을 제공하며 자기 돈을 깎아서라도 회원을 잡으려고 합니다. 자기 이득을 깎아 내리면서 혜택을 주겠다고 합니다. 시장에서 물건 값을 깎는 멘트처럼 보이는데도 말입니다. 이런 모습을 볼 때마다 저는 안타깝습니다. 한 사람의 인생을 바꿔주는 몇 안 되는 가치 있는 직업인데 무시당하고 저평가받는 상황이 점점 더 당연해지는 게 너무 안타깝습니다.

대부분의 센터에서는 트레이너에게 영업을 촉구합니다.

"손가락만 빨고 있을래? 다른 트레이너가 실패한 DB를 찾아 전화를 돌리고 남는 시간마다 플로워를 돌아다니며 만남을 어떻게든 성사시켜 봐."

이렇듯 실질적인 방법은 알려주지 않으면서 열정만을 요구하는 모습을 볼 때마다 마음이 무거워집니다. 많이 만나봐라, 시간을 더 투자해라, 더 정성을 들여라, 더 친절하게 해라, 설명을 더 자세하게 하고 전문성을 키우라고 강요합니다. 그것이 정답인 양 자꾸 몰아세웁니다. 그런 실패 사례가 참 많고 계속해서 악순환이 되고 있습니다. 이미 현장에서 잘하고 있음에도 저에게 문의를 하는 트레이너들은 이런 열정 낭비, 시간 낭비에 지칠 대로 지쳐 있었습니다.

여러분이 헬스트레이너로서 돈을 못 벌고 있는 이유는 10년도 훨씬 넘은 전 세대의 관습 안에 다 들어 있습니다. 다들 과거라는 이름의 함정에 빠져 있습니다. 부디 이 책이 함정에 빠진 여러분을 탈출시킬 희망의 사다리가 되길 바랍니다.

끌려다니는 상담과
끌고 가는 상담

◆ 끌려다니는 상담은 어떤 상담일까요? 회원이 질문을 하면 끌려다니게 되어 있습니다. 반면 트레이너 여러분이 질문을 하면 회원을 끌고 가며 주도할 수 있습니다. 질문의 언어 습관을 갖게 되면 상담의 항해에서 방향키를 잡은 주도자가 되고, 매출을 올리는 말하기의 무기를 갖게 됩니다. 질문의 언어는 회원을 생각하게 만들고 스스로 판단하게 하는 언어이니까요.

회원이 더 깊고 진지하게 생각할수록 그 판단은 PT 계약으로 기울어질 수밖에 없습니다. 왜냐하면 100세 시대인 요즘 잦은 병치레에 체력도 없어 방구석에만 머물며 몇 십 년을 살 수는 없으니까요. 따라서 설명으로 알려주기보다 질문으로 생각하고 또 생각하게 해야 합니다. 그렇게 자기 스스로 생각하고 판단을 내린 회원은 클로징에서도 확신을 가지고 있기 때문에 PT 상담의 클로징 시간도 빠릅니다.

PT 계약으로 이어지는 주제는 PE, 즉 Problem Emotion입니다. 니즈 파악이 아니라 문제 감정의 파악인 것입니다. 예를 들어 휴대전화 매장을 방문한 고객에게 "어떤 휴대전화를 찾고 계시나요?"라고 물으면 그건 니즈 파악입니다. 그런데 액정이 깨져서 바꾸려 한다고 말하는 고객에게 "그게 어떻게 문제가 되는데요?"라고 물으면 생각이 달라지고 답이 달라집니다.

우리는 니즈를 파악하는 게 중요한 게 아니라 그 니즈를 불러일으킨 문제 상황을 먼저 판단해야 합니다. 그게 PE입니다. '아! 이제 더 이상은 안 되겠다. 휴대전화를 바꾸긴 해야겠다.'라는 니즈의 스위치를 켠 상황, 그 상황에 연결된 감정을 들어야 합니다. 그때부터 트레이너가 회원에게 끌려다니지 않고 주도적으로 끌고 가는 상담이 시작됩니다.

저는 말을 잘 못하고, 잘 듣지도 못하고, 상담을 주도하지도 못하는 트레이너들에게는 적어도 이런 주제에 대해서는 절대 이야기하지 말라고 말합니다. 대부분 처음에는 습관처럼 "운동 목적이 어떻게 되세요?"라고 물으며 회원의 니즈를 파악합니다. 그런데 이렇게 질문하면 망합니다. 상담의 언어에서 질문이 좋기는 하지만 이런 질문에는 설명이 뒤따르고 감정이 빠져 사무적이라 최악입니다.

사람을 상대하는 모든 일은 배려와 공감이 기본이 되어야 합니다. 여러분을 찾아온 사람에게 친절한 것보다 더 멋진 매너로 질문하며 스스로 말하고 결론을 내릴 수 있는 길을 열어주어야 합니다. 그저 들어주고 질문의 드리블만 했을 뿐인데 회원이 스스로 뭔가 해낸 것 같은 상쾌해진 표정으로 감사를 표현해주면 그때 PT 계약을 제안하면 되는 것이죠.

트레이너 중에는 상담을 하면서 스스로 설명을 너무도 잘한다며 자기만족에 취하는 사람도 있습니다. 그런 사람은 회원에 대한 배려가 적기 때문에 PT 계약의 성공을 이끌어내기 힘듭니다. 앞에서도 여러 번 이야기했듯이 트레이너가 설명만 열심히 하면 회원은 끌리는 매력 포인트를 느끼지 못합니다. 오히려 가볍게 생각했던 오늘의 발걸음에 알아듣기 어려운 해결 방법들이 더해져 아무것도 시작하지 못하는 불안을 키워버렸기 때문입니다.

한편 끌리는 트레이너와 상담을 한 회원은 가벼워진 발걸음으로 웃으며 돌아갑니다. 그저 상담만 받았을 뿐인데 그동안의 고민이 선명하게 이미지화되고, 지금 당장 무엇을 해야 할지 분명해져 고민이 벌써 해결된 것 같다고 합니다. 문제를 한아름 떠안는 상황이 아닌, 시원하고 개운한 감정을 느끼게 해준 것이죠. 적어도 100만 원이 넘는 목돈을 써야 하는 회원. **적지 않은 액수인 만큼 돈을 쓴 맛을 느끼게 해주는 것이 바로 질문의 힘이고 끌고 가는 상담입니다.**

여러분이 경험했던 상황을 한번 떠올려보세요. 고민이 가득한 친구의 이야기를 들을 때 계속 공감해주면 친구는 나에게 어떤 조언도 듣지 않았음에도 불구하고 "고민이 다 해결된 것 같아. 오늘 들어줘서 정말 고마워."라고 말할 것입니다. 말을 하면서 자기 생각이 정리되고, 그러다 보면 어떻게 행동을 하고 해결해야 할지 실마리도 스스로 찾게 됩니다.

해결책은 스스로 깨달아야 하는 것입니다. 결국 행동으로 옮기는 건 본인이니 스스로 납득할 수 있는 답을 찾아야 하는 것이죠. 만약 친구가 고민을 이야기할 때 "근데…", "내 생각엔…"이라고 말하며 계속 말을 자르고 설명을 하고 조언을 하려고 하면 어떤 해결책도 찾지 못하고 오히려 더 많은 문제만 잔뜩 떠안게 되어버립니다. 대화를 통해 시원하고 개운한 감정이 느껴지기보다 마음이 오히려 더 무겁고 답답해지게 됩니다. 한숨만 나올 뿐입니다. 아무것도 제대로 선택하지 못하는 지금의 상황과 초라해 보이는 자신의 모습에 더 큰 자괴감에 빠지는 것입니다.

상담을 할 때 회원이 끌고 가는 분위기라면 이것은 답답하다는 증거입니다. 트레이너가 알아서 회원이 원하는 방향으로 끌고 간다면 회원은 편하게 그 흐름을 탈 것입니다. 회원은 끌려다니고 트레이너는 자신감 있게 끌고 가는 상담. 설명의 언어로 답답하게 만들지 말고 질문의 언어로 회원에게 돈 쓰는 맛과 개운함을 선물하세요.

4장에서는 재등록에 관한 이야기를 합니다.

처음 방문한 회원을 다시 잡는 포인트를 설명합니다.

대부분의 회원들은 거절의 표시로

"생각해보고 다시 올게요."라고 합니다.

그런 뒤 대부분 다시 오지 않습니다.

그 회원들을 다시 돌아오게 만드는 방법을 소개해드리겠습니다.

집 나간 회원을 다시 오게 만드는

끌리는 트레이너만의 무한 루프 만들기.

이 방법만 잘 익히면

여러분 앞에 회원들이 계속 줄을 서게 될 것입니다.

끊이지 않고 이어지는 재방문, 재계약.

그 놀람의 와우 포인트를 알려드리겠습니다.

PART 4

회원을 다시 돌아오게 하는 무한 루프 포인트

회원이 돌아오는
무한 루프를 만들어라

◆ "생각해보고 다음에 올게요."

"지금은 준비가 안 돼서 나중에 다시 올게요."

"결정권이 저에게 없어서 상의해보고 다시 찾아올게요."

사람들은 돌아갈 때 항상 "다시 올게요."라고 말합니다. 그런데 그 사람들이 다시 왔나요? 만약 그 사람들이 다시 왔다면 여러분은 지금 이 책을 찾지 않았을 것입니다.

억대 연봉을 넘보는 끌리는 트레이너, 그들은 어떻게 PT 계약을 하는 걸까요? 애초에 사람들이 빈손으로 돌아가지 않고, 모두 PT 계약을 하고 돌아가는 걸까요? 분명히 그렇지는 않을 것입니다. 제아무리 상담의 신이라 할지라도 100퍼센트의 확률은 없으니까요.

끌리는 트레이너들의 남다른 회원 관리 방법 중 하나는 돌아간 사람들을 다시 돌아오게 하는 무한 루프를 만들었다는 것입니다. "생각해보고 다음에 올게요."라고 말한 사람들을 다시 찾아오게 만드는 것입니다.

지금까지 끌리는 트레이너를 만드는 기본적인 마인드 세팅과 회원과의 첫 만남에서 계약을 이끌어내는 방법을 소개했다면, 4장에서는 회원이 돌아오는 무한 루프를 만드는 '첫 만남 이후를 위한 실전 지침'을 알려 드리고자 합니다. 여러분도 이 책을 끝까지 읽고 이를 실천한다면 "나중에 다시 올게요."라며 돌아간 회원들을 분명 다시 돌아오게 만들 수 있을 것입니다. 4장에서도 다양한 예시를 다루며 여러분의 이해를 도울 예정입니다. '회원이 돌아오는 무한 루프'를 통해 저와 여러분이, 그리고 여러분과 여러분의 회원들이 보다 가까워지는 계기가 되었으면 합니다.

무한 루프 시스템을 알기 전에 먼저 마케팅의 세계에 대해 알아두어야 합니다. 워크인, OT 상담에서 PT 계약으로 이어지는 비율, 마케팅 세계에서는 이것을 '구매 전환율'이라고 표현합니다. 무한 루프의 시스템을 소개하는 이번 장에서는 마케팅 세계에서 공식처럼 쓰이는 구매 전환율을 높이는 필승법, 다시 말해 피트니스 업계에서 구매 전환율을 높이는 방법을 하나씩 알려드리도록 하겠습니다.

3장에서는 첫 만남에서 회원을 잡는 상담법을 소개했습니다. 사실 그 단계만 익숙해져도 매달 반복되는 매출의 압박에서 벗어나 일상에 평화로움이 자리 잡을 것입니다. 왜냐하면 있어빌리티로 회원들이 여러분에게 알아서 요청하는 분위기가 서서히 느껴지기 때문입니다. 거기에 4장의 시스템까지 구축된다면 평화로움을 넘어서 무한한 자신감까지 얻을 수 있습니다. 언어의 불확실성을 무한 루프의 시스템이 든든히 받쳐주며 안정감을 만들어주기 때문입니다. 회원이 '다시' 찾는다는 것을 강조하기 위해서 '무한 루프'라는 말을 썼습니다.

앞에서 살펴보았듯이 트레이너라는 직업은 **전문가가 다 알아서 해줘서 '받는 맛'이 있는 다른 서비스업과 달리 회원들이 스스로 알아서 해야 하기에 '받는 맛'이 없는 유일한 서비스업입니다.** 그래서 첫 대면 상담에서의 분위기 형성이 중요합니다. 트레이너가 서비스를 제공해주는 서포터가 아닌 전문인으로서 나침반처럼 현재 상태에 가장 적합하고 가장 효율적인 방향을 가리키는 리더십을 보여주어야 합니다.

첫 대면을 마치고 돌아가는 사람들에게 질문을 통한 있어빌리티의 효과로 재방문, 재등록의 명분을 이야기해야 먹힙니다. "자주 신는 신발과 지금 먹고 있는 영양제를 가지고 오세요."라고 말하며 사람들이 다시 방문하고 싶게 만드는 분위기를 만들어보세요.

"만약 3초 만에 빠르게 치고 나가는 자동차처럼 다이어트의 완벽한 스타트를 만드는 방법이 있다면 어떨까요? 이번에 회원님이 목표를 달성하는 데 도움이 될 수 있을까요? 관심이 있으시면 제가 그 힌트 정도는 드릴 수 있을 것 같아요. 이번에 구체적인 방법은 몰라도 힌트 정도는 알고 싶지 않으세요? 회원님 생각은 어떠세요?"

뭔가 있어 보이는 질문에 사람들이 "힌트 정도는…"이라며 반응을 보이면 "다음에 오실 때 자주 신는 신발과 집에 있는 영양제를 가지고 오세요."라고 이야기하며 지시하면 됩니다.

사람들이 다시 찾아올 수밖에 없는 무한 루프의 시스템. 회원과의 첫 상담에서 확실한 포지션을 잡는 것. 그것을 잡아야 그다음, 그다음을 만들어주면서 회원의 머릿속에서 우리의 포지션을 계속 올릴 수 있습니다. '이 트레이너는 그냥 트레이너가 아니라 자신만의 남다른 노하우가 있을 것 같은 트레이너'라는 생각이 들게 해야 합니다. 그래서 저는 유튜브의 채널명처럼 자신만의 포지션을 만들라고 이야기합니다.

건강운동기능사, NASM, NSCA와 같은 이력들과 화려한 대회 경력처럼 회원들이 봐도 무엇인지 모르는 의미 없는 겉포장을 키울 것이 아니라 굳이 해석하지 않아도 빠르고 정확하게 공감할 수 있는 이득을 보여주어야 합니다. 그랬을 때 회원들이 알아서 관심을 가지고 다시 찾아오는 모습을 볼 수 있습니다. 남다른 트레이너로 보이게 해서 재방문, 재등록의 명분으로까지 이어질 수 있도록 자신을 소개해야 합니다.

"안녕하세요. 고장 난 몸을 고치는 리페어맨 ○○○입니다."

이것이 무한 루프를 만드는 두 번째 시스템, 퍼스널 브랜딩입니다.

마지막 세 번째 시스템은 상담에서의 '밀당'입니다. 3장에서 소개한 끌리는 PT 상담의 3단계 중 2단계, 바로 PE[Problem Emotion], 문제 감정의 단계가 회원이 다시 찾아올 수밖에 없는 무한 루프의 시스템으로 작동합니다.

같은 물컵을 보고 "물이 반밖에 안 남았네."라고 말하는 사람도 있고, "물이 반이나 남았네."라고 말하는 사람도 있습니다. 얼굴 생김새가 제각기 전부 다르듯 같은 상황을 보더라도 해석이 전부 다릅니다. 그래서 무한 루프를 만들기 위해 트레이너는 꼭 회원에게 운동이 필요하다고 생각하게 된 그 원인, 니즈를 생성했던 그 문제 감정의 상황을 자세히 들어야만 합니다.

대부분의 사람들은 문제를 문제로 인식하지 않습니다. 예를 들면 이런 상황인 것입니다. 휴대전화의 액정이 깨져 자칫 잘못하면 유리가 손가락에 박힐 수도 있고 심지어 다급한 상황이 되었는데 "요즘 바빠서.", "기능은 제대로 작동하니 괜찮아."라고 말하며 문제로 여기지 않는 것입니다. **사람들은 "지금도 그렇게 나쁘지 않아."라고 말하며 문제를 문제로 받아들이지 않습니다.** 이러면 여러분의 니즈 파악을 통한 상담법은 실패로 돌아갑니다.

회원의 니즈인 운동의 목적을 찾고, 그 목적을 달성하는 데 문제가 되는 것을 하나하나 찾아주고 설명을 해줘도 그것을 문제로 인식하지 않을 수 있습니다. 그러니 회원에게 "당신은 이것이 문제이고, 그래서 이런 위험이 있습니다."라고 말하면 안 됩니다. 여전히 그 문제를 개선하고 지금 당장 어떤 행동을 해야 할 정도로 여기지 않기 때문이죠. 그와 반대로 문제가 안 보이는 것처럼, 어떠한 문제도 없는 것처럼 이야기해야 합니다. 그러면 "아니, 제 말 좀 들어보세요. 저에겐 이 고민이 정말 심각하다니까요?"라고 말하며 알아서 달라붙고 도움을 요청하는 분위기를 만들 수 있습니다. 그리고 이 분위기 때문에 다시 우리를 찾아올 수밖에 없습니다.

만약 어떤 사람이 아침에 밥을 먹을 때 본인은 제대로 앉은 것 같은데 "자세 좀 똑바로 하고 먹어."라며 아버지에게 잔소리를 듣는다면? 그리고 회사에서 열심히 업무를 보고 있는데 부장이 "김 대리, 요즘 일을 너무 열심히 하네. 여기서 보니 목이 거북이가 따로 없어. 좀 쉬엄쉬엄 해도 되니 가서 스트레칭 좀 하고 와."라고 말한다면? 심지어 남자친구도 "자기, 목이나 어깨 괜찮아? 요즘 부쩍 거북목이 되었어."라고 말한다면? 이렇듯 하루에 세 번이나 그런 말을 들으면 뭔가 심각하게 다가옵니다. 그래서 병원을 찾아가면 역시나 의사선생님이 거북목이라고 합니다.

병원에서 지금 당장 시술이나 보조기를 찰 정도는 아니니 나중에 더 심해지면 치료를 받으라고 말한다면 '심해질 때까지 기다려야 하나?' 하고 불안해할 것입니다. 그런 사람이 찾아오면 "그것이 왜 문제가 되는 걸까요? 의사선생님 말처럼 나중에 치료받을 수도 있는데 지금부터 알아봐야 하는 이유라도 있을까요? 그 이야기 좀 들려주실래요?" 하고 질문하며 회원을 밀어내야 합니다. 그래야 회원이 수다쟁이가 되어 이야기를 들려줄 테니까요.

"평소엔 대수롭지 않게 생각했는데 그날 하루 세 번이나 지적을 당하니 심각하게 느껴졌는데, 병원에서는 확실한 솔루션을 주지 않으니 뭐라도 해야 할 것 같아서 찾아왔어요."

이렇게 문제를 본인 스스로 깨달아야 문제를 직시하고 솔루션을 원하게 됩니다.

이 경우 "당신은 이게 문제예요."라고 안내데스크 유형의 설명형으로 접근할 것이 아니라 "그게 어떻게 문제가 되고 있나요?"라고 묻는 밀당의 시스템이 필요합니다. 그럼 회원은 당겨지기 마련입니다. "아니, 저에겐 정말 큰 문제예요."라고 말하며 반대로 우리를 설득하려 들게 되는 거죠. 이렇게 밀당을 통해 상담의 분위기에서 우리의 포지션을 높여놓는다면 어느새 자석에 달라붙는 철가루처럼 당신에게 끌려 재방문까지 하는 회원의 모습을 발견하게 될 것입니다.

안내데스크 유형의 설득형으로는 안 됩니다. 다른 곳 말고 꼭 이 트레이너여야만 하는 이유는 나의 현재 상황뿐만 아니라 나의 감정까지도 정확하게 알고 있는 사람, 수다쟁이가 되어 나의 모든 것을 이야기했던 사람은 그 사람밖에 없었기 때문입니다. 기술이 특별해서가 아닙니다. 왠지 나에게만큼은 딱 맞는 맞춤옷과 같은 처방을 내려줄 것 같은 기대감, 이 공감과 신뢰를 이끌어내 재방문을 유도할 수 있습니다. 이 헬스트레이너에게는 내 고민에 대한 확실한 솔루션을 기대할 수 있다는 확신을 심어주어야 합니다.

"첫 계약 이후 죽 나를 관찰하고 나에 대해 잘 알고 있으니 두 번째도 역시 나에게 좋은 방향을 제시해줄 것이라는 신뢰와 믿음이 있어요."

이처럼 회원이 계속해서 말하게 유도해야 합니다. 설득을 할 것이 아니라 회원이 스스로 PT를 받아야 한다고 우리에게 어필하게 만들어야 합니다. 자꾸 의지하고 묻고 방법을 요청하게 만드세요. 이렇게 된다면 설득하는 과정이 빠져 뭔가 조력자의 느낌을 강하게 받게 되고, 트레이너가 제시하는 솔루션에 무한 신뢰를 보내게 될 것입니다.

재방문, 재등록을 위한 시스템도 결국은 앞에서 한 이야기들과 다 연결이 됩니다. 여러분이 자꾸 질문을 하고, 말을 많이 하지 않아도 전문가 느낌이 나는 있어빌리티를 보여주어야 합니다. 그것이 여러분 앞에 재방문 회원이 줄을 서게 되는 무한 루프 시스템의 가장 중요한 부분입니다.

구매 직전의
다양한 장해물 제거하기

◆ 회원의 재방문을 위해서는 트레이너가 회원에게 끌려다니는 모습을 보이면 안 됩니다. 여러분이 상황을 주도하고 끌고 가는 갑의 위치가 되어야 합니다. 갑의 분위기, 전문가의 포지션을 만들어 회원이 여러분에게 의지하게 만들어야 합니다. 회원이 궁금증을 가지고 기대하게 만들어야 합니다. 내가 먼저 알아서 보여주고 설명해주기보다 회원이 먼저 요청하게 만들어 스텝 바이 스텝으로 상담을 이어가시기 바랍니다.

회원들은 스스로 원할 때, 있어 보이게 만든 그 힌트가 필요할 때 재방문을 하게 됩니다. 뭐든지 알아서 서비스를 해주는 트레이너가 되어서는 안 됩니다. 그렇지 않으면 심부름꾼으로 전락하게 됩니다. **끌리는 트레이너는 심부름꾼이 아니라 매너 있고 친절하지만 함부로 대할 수 없는 존재가 되어야 합니다.**

특히 구매 직전, 즉 클로징 직전에는 다양한 장해물들이 존재합니다.

상담 시에는 분명 계약을 하는 분위기였는데 막상 계약서를 작성하려고 하면 할까 말까 애를 태우는 회원이 많습니다. 이 역시 강제적으로 유도해서는 안 됩니다.

계약서를 쓸 때 아무런 준비 없이 바로 "지금 하시죠."라고 말하면 안됩니다. 클로징은 상대방과 전쟁을 벌이는 것입니다. 회원과 100번 싸워 100번 다 이기려면 비등비등한 수준이 아니라 내가 확실하게 이기는 여건부터 만드는 것이 먼저입니다. 거절이라는 장해물을 미리 차단하고 회원의 동의를 받아내는 것. 예를 들면 이렇게 말이죠.

"정말 그런 방법이 있다면 한 번쯤은 제대로 알아봐야 하지 않을까요?"
"제가 차근차근 소개해드리면 회원님은 어떻게 잘 따라올 수 있을까요?"

그런 다음 "그렇다면 미룰 것 없이 지금부터 제대로 하시죠!" 하고 클로징을 하는 것입니다. 그랬는데 회원이 "생각을 좀 더 해봐야 할 것 같아요."라고 말한다면 "당연히 생각해보셔야죠. 제가 아까 뭐라고 말씀드렸죠?"라고 하면서 다시 되돌아가면 됩니다. 함정을 설치해 동의를 받아낸 바로 그 지점으로 말입니다.

저는 수강생들에게 고객이 거절하는 상황을 설정해서 그것을 연습시킵니다. 그리고 상황을 녹음해 수강생들과 함께 들어봅니다. 그러면 수강생들은 그전과 다르게 흘러가는 분위기에 다들 신기하다며 더욱더 집중합니다. PT 상담에서 한 번쯤은 겪게 되는 거절 단계. 그동안은 설득과 설명으로 억지로 만들어가는 그림이었다면 장해물을 제거한 클로징에서는 회원이 알아서 결정을 내립니다. 장해물을 미리 제거하고 클로징을 해야 합니다. 클로징 후 나중에 장해물을 제거하려고 하면 거절의 선택이 이미 단단히 자리를 잡아 치워버릴 수 없습니다.

재계약을 위한 행동지침은 회원의 성향을 바꾸는 것입니다. "이 정도면 충분해.", "지금도 괜찮아."라는 안정 지향적인 심리적 장해물을 제거하고 "도전해보자.", "지금이 타이밍이야."와 같이 도전적이며 행동하는 성향으로 만들어야 합니다.

PT 프로그램의 특성상 결제가 이루어지는 시점, 즉 돈을 쓰는 시점에는 어떠한 변화도 없습니다. 시술처럼 바뀐 몸매가 거울로 확인되는 것도 아니고, 다이어트 보조제처럼 제품이 손에 들어오는 것도 아닙니다. 내 주머니에서 돈만 빠져나가는 것입니다. 그래서 '구매'의 개념이 아닌 '투자'의 개념이라고 정의할 수 있습니다. 용역을 제공하는 서비스업으로 분류되어 있지만 실질적으론 컨설팅인 투자로 보아야 합니다. 따라서 회원의 성향을 투자 마인드, 사업가 마인드로 만들어주며 안정 지향적인 심리적 장해물을 제거해야 합니다.

무한 루프를 만드는 상담법에서는 회원들에게 이런 제안을 자주 합니다.

"일주일에 세 번 하고 있는 수업을 두 번으로 줄이는 것에 대해 어떻게 생각하세요?"

이렇게 말하며 회원을 계속 밀어냅니다. 아마 여러분은 PT를 시작할 때 레슨의 빈도수와 기간을 정해놓고 할 것입니다. 그리고 회원의 취소가 없는 한 처음에 정해진 그 계획대로 마무리까지 진행할 것입니다. 그러면 회원의 입장에서는 돈을 쓰긴 했는데 돈을 쓴 맛이 없습니다. 몸의 변화는 너무도 느리기에 눈에 보이지 않고, 운동기술이나 생활습관이라도 눈에 보여야 하는데 계획의 변화가 없으니 그것 또한 보이지 않습니다. 그래서 맛이 없고 밍밍한 느낌입니다.

회원을 끌리게 만들기 위해서는 감칠맛이 필요합니다. 현재까지의 변화를 칭찬하는 것에서 더 나아가 "계획한 대로 순조롭게 진행 중이니 우리 이렇게 도전해보는 건 어때요?"라고 제안하며 회원의 성향을 도전적으로 바꿔주기 위해 계속해서 변화를 주어야 합니다. 회원에게 PT 프로그램에 참여하는 만큼 더 나은 계획이 생긴다는 것을 보여줘야 합니다. '뭔가 제대로 되고 있구나.' 스스로 확인할 수 있도록 증명해주어야 합니다.

"전문가인 내가 봤을 때 당신은 욕심이 날 정도로 재능이 있으니 앞으로 스스로 해봅시다."

이런 식으로 밀어내야 합니다. 스스로 할 수 있는 기회를 얻고 '뭔가 변했네.'라는 성취감을 느껴야 더 하고 싶어집니다. 그랬을 때 트레이너를 스승으로 삼고 평생을 따르고 싶어 합니다.

PT 회원은 이미 잡은 물고기입니다. 이 물고기가 빠져나가지 않게 하려면 작은 성취감의 반복이 필요합니다. **최종 목표를 달성하는 단 한 번의 성취감으로 완전히 떠나가게 할 게 아니라 작은 성취감의 반복을 통해 도전하고 행동에 옮기는 감칠맛에 눈을 뜨게 만들어야 합니다.** 그래야 옆에 계속 붙어 있게 됩니다. 그게 바로 재등록, 재방문을 위한 실전 행동지침입니다. 이 또한 트레이너의 기술이 특별해서가 아닙니다. 회원 스스로 그 맛을 느끼고 눈을 뜬 것이죠.

재방문을 높여
매출을 높이는 노하우

LESSON 3

◆ 구매 동기: 원하는 것이 저마다 다르다

구매 전환율을 늘리는 데 가장 중요한 요소는 고객의 동기입니다. 예를 들어 엄마가 아이들에게 먹일 건강한 간식을 사러 왔는데, 내가 겉모양은 예쁘지만 설탕과 식용색소가 듬뿍 담긴 간식을 추천한다면 과연 구매를 할까요? 아무리 사진을 예쁘게 찍어서 홍보하고 할인을 해도 구매로 이루어지기는 힘들 것입니다.

고객의 동기는 구매로 이어지기 위해 가장 중요한데, 포인트는 이것을 우리가 바꾸고 싶다고 해서 마음대로 바꿀 수 있는 것이 아니라는 것입니다. 고객이 인스타그램용 예쁜 간식을 찾을 수도 있고, 아이들을 먹일 건강한 간식을 찾을 수도 있습니다. 모든 고객을 만족시킬 수 있는 차별성과 장점이란 존재하지 않습니다. 이 사실을 인정해야만 합니다.

가치 제안: 다른 사람 말고 꼭 나에게 PT를 받아야 하는 이유

구매 동기 다음으로 중요한 것은 가치 제안입니다. 다시 말해 누구에게나 효과가 있다며 당기기만 하는 것이 아니라 "딱 이런 분들만 효과를 볼수 있습니다. 그러니 다른 분들은 이 제품을 사지 마세요."라고 밀어내야 구매의 명분이 생깁니다.

지성 피부에도 좋고, 건성 피부에도 좋아 모두가 두루두루 쓸 수 있는 클렌징보다는 붉은 여드름으로 고민하는 여드름성 피부 전용 클렌징이 더 잘 팔립니다. 대상을 한정 짓고 단 하나의 장점만 어필했는데 이상하게 다른 사람들까지 구매를 하게 됩니다. 왜인지 아시나요? 컨디션에 따라, 혹은 잦은 회식으로 누구나 한 번쯤은 피부 트러블을 경험하기 때문이죠. 구매 전환율을 높이기 위해서는 내가 가지고 있는 특별한 경험, 남다른 장점을 파악하고 그것을 한정 지어 밀어내는 제안을 해야 합니다. 특히 구매 직전, 즉 클로징 직전에는 다양한 장해물들이 존재합니다.

마찰: 구매를 막는 장해물

구매 전환율을 낮추는 요소를 제거하는 것 또한 구매를 늘리는 데 중요합니다.

"좋아 보이는데 한번 알아볼까? 속는 셈 치고 한번 사볼까?"

애써 마음을 잡았는데 어려운 회원가입 방법, 제한된 결제 방식, 복잡한 주문 방법, 찾기 힘든 결제 버튼 등으로 구매를 포기하는 고객이 정말 많다는 사실을 아십니까? 구매 전환율을 높이기 위해서는 최대한 마찰을 줄여야 합니다. 결제 시스템이 다양하면 무엇을 선택해야 할지 선택 장애가 옵니다. 여러분의 결제 시스템이 간결한지 다시 한번 확인해보십시오.

걱정: 마음 가볍게 만들기

여기서 걱정이란 다른 곳과 비교해 현저히 떨어지는 퀄리티, 혜택에 비해 높은 가격 등에 따른 고객의 우려를 말합니다.

'혜택에 비해 터무니없는 가격으로 구매한 건 아닐까?'
'잘못된 선택을 하면 어떡하지?'

이런 걱정을 줄여주기 위해서는 지금 당장 해야 할 일을 구체적으로 제시해야 합니다. 결제를 해 주머니에서 돈은 빠져나갔는데 지금 당장 할 일이 없다면 온 신경이 어디에 집중될까요? 바로 계약에 대한 의심과 불안일 것입니다.

"야, 왜 시간 아깝게 컬러링북에 색칠하면서 노냐?"
"이거 하면 잡생각이 안 들어 마음이 편하고 좋거든."

이처럼 회원이 꼬리에 꼬리를 무는 생각에 빠지지 않도록 지금 당장 해야 할 일을 구체적으로 제시해야 합니다.

저는 강의 때 특정 상황에 대해 '와우 포인트'라는 말을 씁니다. '와우'라는 감탄사는 색다른 경험을 하거나, 놀라운 경험 또는 좋은 경험을 했을 때 느낌으로는 알지만 말로 표현하기 어려운 상황을 표현하는 단어입니다. 선택을 하는 데 있어 결정적인 요소로 작용하는 와우 포인트, 여러분은 언제 경험하셨나요? 아마 저마다 다를 것입니다. 앞에서도 말했듯이 동기가 모두 다르기 때문입니다. 그래서 '타이밍'이 중요합니다.

궁금한 시점에 궁금증을 유발하는 요소가 와우 포인트를 만들고, 구매가 필요한 시점에는 혜택에 대한 정보가 와우 포인트를 만듭니다. 만약 와우 포인트의 타이밍이 어긋나면 어떻게 될까요? 시설이 아무리 좋아도 매력을 못 느끼고, 다른 곳보다 시스템이 체계적이라도 특이점을 못 느껴 "네, 잘 봤습니다." 혹은 "네, 잘 들었습니다."라고 말하며 문을 열고 나가게 됩니다.

- **구매 동기** 당신의 이야기를 들어보아야 도와드릴 수 있는지 없는지 알 수 있습니다.
- **가치 제안** 고도비만 다이어트는 도와드리기 어렵습니다. 하지만 만약 3~5킬로그램의 감량을 원한다면 그 부분은 확실히 도와드릴 수 있습니다.
- **마찰** 결제는 편하게 카드로만 받고 있습니다.
- **걱정** 지금 바로 뒤돌아서면 오늘 해야 할 일을 기억하고 지금부터 시작하세요.

구매 전환율을 높이는 요소, 그 요소에 들어맞는 와우 포인트의 멘트를 만들어야 합니다. 물론 멘트만 잘 만든다고 PT 계약률이 높아지는 것은 아닙니다. 무엇보다 '타이밍'이 중요합니다. 잘 만들어놓은 와우 포인트를 적절한 타이밍에 사용하여 감칠맛 나는 상담 분위기를 만든다면 가파른 우상향의 계약률을 확인하게 될 것입니다.

진짜 매출을 높여줄
재방문 마케팅

◆ 왜 재방문, 재등록이 중요할까요? 신규 회원과 PT 계약을 맺을 확률이 20~50퍼센트 정도라면, 기존 회원의 재등록 확률은 50~70퍼센트에 달합니다. 게다가 기존 회원은 신규 회원에 비해 통계적으로 세 배는 더 많은 돈을 지출한다고 합니다. 그러므로 재방문, 재등록 마케팅은 선택이 아닌 필수입니다.

신규 회원을 모집하기 위한 홍보는 전단지, 현수막, 블로그 포스팅처럼 비용이 들어가는 방법을 선택할 수밖에 없는 데 반해, 재등록 유도 마케팅은 가성비가 좋습니다. 수집된 DB를 이용해 문자 발송을 하는 것만으로도 그 효과를 톡톡히 볼 수 있기 때문입니다.

만약 1만 원으로 홍보를 한다고 가정해보겠습니다. 신규 회원 모집을 위한 페이스북, 인스타그램, 유튜브, 전단지를 기획할 수 있을까요? 가성비 좋다는 체험단 모집만 해도 건당 최소 10만 원 정도입니다. 반면 재등록, 재방문 마케팅은 어떨까요? 건당 10원으로 문자를 발송할 수 있습니다. 그리고 그 10원으로 수천 배의 매출이 발생합니다.

재방문, 재등록이 진짜 매출인 이유를 예를 들어 설명해보겠습니다. 피트니스센터 A와 B가 있습니다. A와 B 모두 한 명의 회원을 끌어들이는 데 쓰이는 돈이 1만 원이며, 평균 수업료는 2만 원입니다. A는 재등록이 한 번도 없었던 반면, B는 재등록이 세 번 있었습니다. 이 경우 A는 2만 원의 매출을 내기 위해 1만 원을 투자하니 남는 금액이 1만 원밖에 되지 않습니다. 반면 B는 회원 한 명이 들어오면 세 번 재등록을 하기 때문에 5만 원의 이익을 낼 수 있지요. 그런데 과연 재방문, 재등록이 단순히 이익이 늘어나는 것으로만 끝날까요?

재방문 마케팅이 탄탄히 자리를 잡게 되면 일단 회원이 들어오기만 해도 확실한 이익을 낼 수 있다는 확신이 들기 때문에 더욱 공격적인 마케팅을 하게 됩니다. 결국 신규 회원 모집에만 매달리는 센터보다 훨씬 빠른 속도로 성장할 수 있습니다.

내 이름을 걸고 운영하는 센터. 트레이너라면 누구나 꿈꾸는 미래를 그릴 수 있도록 도와주는 매출. 그것은 탄탄한 재방문, 재등록 매출이 있어야만 가능합니다. 억대 연봉의 트레이너를 만드는 것. 회원이 줄 서는 헬스장이 되는 것. 그것은 아깝게 떠난 회원을 잡는 재방문 마케팅, 그리고 BTS의 아미처럼 이탈 없이 계속해서 나와 함께하는 충성 회원을 만드는 것입니다.

지금도 재방문, 재등록 시스템은 구축하지 않은 채 신규 회원 모집에만 혈안이 되어 있는 센터가 많습니다. 이는 밑 빠진 독에 계속 물을 붓는 격입니다. 업종의 특성상 센터 근방에서 모집해야 하는 지역적 한계가 있기 때문에 언젠가 물은 메말라 독에 부을 것이 없어지게 됩니다. 따라서 늦기 전에 지금부터 재방문 마케팅을 시작하고, 계속 나를 믿고 따르는 재등록 시스템을 구축해나가야 합니다.

재방문을 유도하는 두 가지, 궁금증과 멘토

◆ 하루에도 몇 명씩 PT 센터에 "가격이 어떻게 되나요?", "프로그램은 어떤 게 있나요?"라고 문의를 해옵니다. 그런데 문의하는 사람 중 실제로 방문하는 회원은 몇 퍼센트나 될까요? 그리고 방문한 사람 중 등록하는 사람은 얼마나 될까요?

만약 하루에 세 명씩 문의를 해온다고 가정해봅시다. 그중 두 명이 상담을 받기 위해 방문하고, 나의 상담 성공률은 70퍼센트라고 해봅시다. 이것을 일주일로 계산하면 열 명은 등록하고, 열한 명은 다시 오지 않습니다. 한 달이면 40명이 등록하고, 44명이 다시 오지 않습니다. 상담 성공률이 70퍼센트임에도 불구하고 놓치는 회원이 더 많습니다. 그래서 회원의 방문을 유도하는 방법은 기본이고, 다시 돌려세울 재방문 시스템도 반드시 구축되어야 합니다.

여러분은 이런 고민을 해본 적 있나요?

'전화로 가격과 프로그램을 물어보는 사람은 많은데 왜 상담을 받으러 찾아오는 사람은 이렇게 적을까?'

'왜 가격만 듣고 더 이상 물어보지 않는 것일까?'

'분명 나의 차별화된 시스템과 남다른 실력을 들으면 상담을 받고 싶어질 텐데 왜 가격만 듣고 더 물어보지 않지?'

아래와 같은 상황에서 여러분은 어떻게 하시나요?

트레이너 안녕하세요. OOOGYM입니다.

회원 거기 가격 좀 알아보려고 전화했습니다.

트레이너 저희는 한 달에 OOO원이고요, 3개월부터 할인에 들어갑니다.

회원 네, 감사합니다. 다음에 한번 들르겠습니다.

회원 프로그램이나 가격이 궁금해서 전화했습니다.

트레이너 일반 헬스는 OOO원이고요, 여기에 스피닝이나 요가 같은 GX는 추가금이 있습니다.

회원 네, 좀 더 알아보고 찾아가겠습니다.

어디서 많이 본 응대 같지 않나요? 이는 초보 트레이너 시절의 내 모습, 혹은 안내데스크의 아르바이트생이 응대하고 있는 모습과 비슷합니다.

질문에 대답을 해주되 언제나 목적을 잊지 않아야 합니다. 전화 상담에서의 목표는 티켓팅이 아닙니다. 회원을 센터로 방문하게 만드는 것, 이 것이 전화 상담에서의 최종 목표입니다. 그래서 회원이 가격 이외의 다른 것에 관심을 갖도록 만들어야 합니다. 쉽게 가격만 오픈하고 끝내면 안 됩니다. 만약 가격이 비싸다면 구매를 막는 장해물 '마찰'이 발생하고, 반대로 가격이 저렴하다면 시설이나 프로그램의 질에 대한 의구심이 생깁니다. **한마디로 가격에 대한 정보는 회원의 방문을 유도하는 데 하나도 도움이 되지 않습니다.** 그러면 가격을 물어보는 사람에게 어떻게 안내해야 방문을 유도할 수 있을까요?

트레이너 안녕하세요. OOOGYM입니다.

회원 거기 가격 좀 알아보려고 전화했습니다.

트레이너 아, 저희 OOOGYM의 프로그램별 가격이 궁금해서 연락하신 게 맞을까요?

회원 네, 맞아요.

트레이너 그럼 회원님께 맞는 가성비 프로그램으로 빠르게 안내해드릴 게요. 그러려면 알아야 할 것들이 있는데 몇 가지 여쭤봐도 괜찮을까요?

회원 네, 말씀하세요.

트레이너 빠르게 안내해드릴 테니 편하게 말씀해주세요. 회원님의 운동 목표는 어떻게 되고, 어떤 방향으로 몸을 만들 계획인지 알려 주시겠어요?

회원 요즘 갑자기 살이 쪄서 몸도 무겁고 체력도 떨어진 것 같아서 운동할 곳을 찾고 있어요.

트레이너 그럼 이번에 운동을 한다면 어떤 부분이 가장 중요할까요? 그것까지 들어보고 추천해드리겠습니다.

회원 음, 깊게 생각해보진 않았는데 일단 빠지지 않고 꾸준히 나가는 것부터 해보려고요.

트레이너 그럼 저희 프로그램 OOO과 OOO 중 하나를 추천합니다. 이 프로그램을 하는 분들이 모두 빠지지 않고 잘 나오고 계시거든요. 가격은 저렴하게 하신다면 OO만 원. 빠르고 효과적으로 하신다면 OOO만 원까지 될 수 있고요, 맞춤으로 디자인해드리다 보니 금액은 조금씩 달라질 수 있습니다.

회원 그럼 최소 OO만 원, 최대 OOO만 원 사이에서 달라질 수 있다는 건가요?

트레이너 네, 현재의 몸 컨디션과 저희 프로그램을 실천하려는 열정의 온도에 맞춰 최대한 가성비 좋게 안내해드리고 있어요.

회원 그럼 혹시 상담만이라도 받아볼 수 있나요?

자, 어떤 차이가 있을까요? 이 차이를 느낌이 아닌 말로 표현할 수 있다면 앞으로 여러분은 의도적으로 회원의 방문을 유도할 수 있게 될 것입니다. 차이의 핵심은 두 가지입니다. 하나는 '궁금증', 다른 하나는 '멘토'입니다. 다음의 설명을 읽어보기 전에 다시 한번 예시를 읽어보고 어떻게 궁금증을 유발했고, 멘토로서의 전문가 포지션을 잡았는지 살펴보시기 바랍니다.

첫 번째, 궁금증

사람들의 방문을 유도하는 첫 번째 방법은 궁금증을 유발하는 것입니다. 1단계로 이득이 느껴져야 합니다. 그리고 2단계에서는 이득을 느끼고 자신의 이야기를 좀 더 자세히 하도록 흥미를 유발해야 합니다. '아, 여기는 뭔가 있나 보구나.'라는 궁금증과 호기심을 유발하는 것이 중요합니다. 이것은 전화 상담뿐만 아니라 회원을 처음 만나는 OT에서도 마찬가지입니다.

가격이 궁금해 전화를 건 회원의 입장을 생각해봅시다. 갑자기 살이 불어나 감당이 되지 않으니 그동안 미뤄뒀던 운동을 해야겠다고 생각합니다. 그리고 인터넷으로 주변을 검색해보며 자신의 예산에 맞는 곳을 알아보기 시작합니다. 여기서 핵심 포인트, 이 회원이 진정으로 원하는 것은 가격일까요, 아니면 갑자기 불어나 감당 안 되는 몸일까요?

"얼마예요?"라는 질문에 "얼마입니다."라고만 안내하면 당장 가격의 궁금증이 해결되니 전화의 목적이 달성된 회원은 홀가분하게 떠나가버립니다. "얼마예요?"라는 질문에 "그게 왜 궁금하죠?"라고 말하며 회원이 스스로 원하는 것을 말하게 하고, 우리에게 그 해결책이 있다는 사실을 알려야 합니다. 그러면 전화의 목적이 충분히 달성되지 않았고, 심지어 더 궁금한 것이 생겨 방문을 할 수밖에 없습니다. 결과적으로 회원은 진짜 필요한 정보를 알게 되어 이득이고, 우리는 회원에게 확실히 어필할 수 있는 기회를 얻어 이득인 윈윈의 상담이 되는 것입니다. 억대 연봉의 트레이너, 끌리는 트레이너는 전화 상담부터 남다릅니다.

두 번째, 멘토

"생각해보고 올게요."라며 나갔던 사람들을 재방문하게 만드는 방법은 바로 멘토 포지션입니다. 멘토에 대해서는 다들 아시죠? 자신의 경험과 지식을 바탕으로 다른 사람을 지도하거나 조언해주는 위치의 사람을 뜻합니다. 즉, 방향키를 잡아주는 존재입니다. 저는 수강생들에게 "단순히 병을 진단해주고 치료해주는 의사와 나의 모든 것을 알고 있는 주치의는 다르다."라고 이야기합니다. 여기서 이 주치의, 이것이 여러분이 멘토 포지션을 이해하는 데 큰 힌트가 될 것입니다.

끌리는 상담을 위해서는 계속해서 강조했듯이 설명은 최대한 줄이고 질문을 잘해야 합니다. 그런데 과연 질문만 잘한다고 사람들이 방문하고, 집 나간 회원이 다시 찾아올까요? 여기에는 한 가지 전제 조건이 깔려 있어야 합니다. 회원에게 나의 위치가 멘토로서의 포지션이 되어야 한다는 것입니다. 내가 트레이너이니 당연히 나를 전문가로 생각하지 않겠냐고요? 아닙니다. 그것은 우리의 착각입니다.

트레이너 회원님, 아침은 챙겨 드세요?

회원 아니요, 잘 안 먹어요.

트레이너 안 드시는 이유가 따로 있으세요?

회원 아니요, 그냥 아침에 일어나 챙겨 먹는 게 귀찮아서요.

트레이너 그럼 점심은 주로 어떤 걸 드세요?

(중략)

트레이너 회원님, 운동해보신 경험은 있으세요?

회원 예전에 헬스를 3개월 정도 했는데, 수업을 받은 건 아니고 잠깐 하는 정도였어요.

트레이너 그럼 저희 인바디를 한번 볼까요?

과연 멘토로 느껴질까요, 아니면 취조를 받는 것처럼 느낄까요?

트레이너 회원님한테 맞는 방법을 알려드리기 위해 몇 가지 여쭤볼게요. 잘 말씀해주실 수 있죠?

회원 네, 말씀하세요.

트레이너 어떻게 운동을 결심하게 되었고, 이번에 어떤 방향으로 몸을 만들지 계획하신 부분을 들어볼 수 있을까요?

회원 최근 갑자기 몸무게가······.

트레이너 몸무게가 얼마 만에 얼마큼이나 늘었나요?

회원 원래는 마른 체형이었는데 세 달 만에 갑자기 5킬로그램이나 쪄버렸어요.

트레이너 아, 원래는 마른 체형이었는데 예전과 달리 세 달 만에 갑자기

5킬로그램이 찌게 되어 운동을 생각하게 되었다. 제가 제대로 이해한 게 맞나요?

회원 네, 맞아요.

트레이너 그럼 회원님, 혹시 마른 체형인 분들이 갑자기 살이 찌는 이유에 대해 알고 계세요?

회원 아니요.

트레이너 체형과 면역력에 따라 그 원인이 다르다고 해요. 그래서 시작할 때 가장 중요한 포인트는 두 가지의 원인 중 내가 어떤 케이스인지 찾아내는 거예요. 그래야 나에게 맞는 방법을 적용해서 운동의 효과를 볼 수 있으니까요. 회원님은 어떻게 생각하세요?

회원 저도 그렇게 생각해요. 그럼 그건 어떻게 알 수 있나요?

트레이너 그것이 궁금하시다면 인바디라는 저희 장비로 몸을 한번 스캔해보시겠어요? 원하신다면 지금 바로 도와드리겠습니다.

회원 네, 해보고 싶어요.

끌리는 트레이너는 매너가 있습니다. 질문을 하기 전 내가 왜 질문을 하는지, 그리고 질문을 해도 괜찮은지 '동의'를 구하고 시작해야 합니다. 그다음 다양한 방법 중에서 자신에게 맞는 방향키를 잡도록 안내해야 합니다. '멘토'로서의 질문과 역할을 해야 하는 것이죠. 다른 트레이너들 말고 나와 운동을 해야 하는 이유, 다른 센터를 알아보더라도 최종 결정은 우리 센터를 선택해야 하는 이유를 알리며 회원에게 완벽한 방향을 제시하는 '멘토 포지션'을 잡는 것입니다.

나 말고 다른 트레이너와 센터도 기본적인 시스템과 서비스는 갖추고 있습니다. 그중에서 나를 찾는 이유는 <mark>맞춤옷처럼 나에게 꼭 맞는 방법을 제시할 것 같은'</mark> 진짜 멘토다운 말과 행동 때문입니다.

센터의 간판 트레이너였던 제가 구축했던 재방문 시스템을 예로 들어 보겠습니다. 이 시스템의 핵심은 "당신의 영양제 좀 봅시다."라고 말하는 것입니다. 사람의 몸을 건강하게 만드는 데 면역력이 중요하다는 것에 모두 동의할 것입니다. 면역력이 떨어지면 체력 저하로 인한 운동 기능 감소, 지방 축적의 증가, 근육의 뻣뻣해짐 등 여러 가지 문제가 발생합니다. 아무리 운동을 열심히 한다 해도, 그리고 아무리 식단을 엄격하게 지켜도 면역력에 문제가 생기면 올 스톱입니다. 그래서 저는 회원들이 복용하는 영양제를 꼭 확인합니다.

트레이너 회원님, 운동도 운동이지만 면역력이 중요해요.

회원 네, 제가 그동안 면역력에 대해 정말 몰랐던 것 같아요.

트레이너 그래서 회원님께 도움이 되는 이야기를 하나 들려드리고 싶은 데 한번 들어보시겠어요?

회원 네, 무엇인가요?

트레이너 전 회원님께 운동만 나오면 살이 빠지는 재미를 찾아드리고 싶어요. 다른 곳에서 운동을 하셔도 괜찮으니 면역력만큼은 챙기셨으면 좋겠는데 회원님 생각은 어떠세요?

회원 저야 그러면 좋죠.

트레이너 좋아요. 그럼 제대로 운동을 시작하기 전에 드시는 영양제를
챙겨서 한번 방문해주세요.

회원 영양제요?

트레이너 네, 아까 소개해드린 대로 면역력부터 준비해야 운동도 효과를
볼 수 있으니 제가 좀 봐드릴게요.

저만의 재방문 시스템이 빛을 발해 70퍼센트의 확률로 회원들이 재방
문하였고, 다시 찾아온 만큼 쉽게 PT 계약으로 이어졌습니다. 이는 제가
회원들에게 진정한 멘토로서 포지션을 잡았기 때문입니다. 겉보다는 속,
코어를 퍼스널 브랜드로 만들었기에 몸속을 챙기는 면역력과 결합해 재
방문, 재등록 시스템을 만들 수 있었습니다.

여러분도 저처럼 재방문, 재등록 시스템을 구축하고 싶은가요? 그렇다
면 이 책을 끝까지 꼼꼼하게 읽어주시기 바랍니다. 모든 서비스직에 두루
두루 도움이 된다고 할 수는 없지만 헬스트레이너에게만큼은 확실히 달
라진 결과를 선물해드릴 수 있음을 자신합니다.

"저 좀 도와주세요."
vs "이거 하세요."

◆ 어? 좀 도와달라니? 회원에게 구걸을 하라는 거냐고요? 당연히 아닙니다. 먼저 아래의 사례를 보고 "저 좀 도와주세요."의 의미에 대해 자세히 알아보도록 하겠습니다.

철수에게는 두 명의 친구가 있습니다. 한 친구는 덤벙대는 성격 탓에 자주 만 원, 5천 원 돈을 빌려 가곤 합니다. 물론 바로 빌린 돈을 갚았죠. 그리고 다른 친구는 똑 부러지는 성격에 단 한 번도 돈을 빌리거나 부탁하는 일이 없었습니다. 그러던 어느 날 두 명의 친구가 철수에게 부탁을 합니다. 갑자기 급한 사정이 생겼는데 50만 원을 빌려줄 수 있겠느냐고 말이죠. 여윳돈이 50만 원 있었던 철수는 한 명의 친구에게만 빌려줄 수 있었습니다.

과연 철수는 누구에게 돈을 빌려주었을까요? 여러분이라면 누구에게 빌려줄까요?

덤벙대는 친구, 아니면 믿음직한 친구?

의외로 철수는 덤벙대는 친구에게 돈을 빌려주기로 합니다. 왜 그랬을까요? 그 이유는 한 번도 돈을 주고받았던 경험이 없었던 친구보다 적지만 빌려줬던 돈을 확실히 받은 적이 여러 번 있었던 친구에게 돈을 빌려주는 게 마음이 가벼웠기 때문입니다. 즉, 경험의 차이였던 것이죠.

좀 의외이지 않나요? 50만 원이면 적은 돈도 아닌데 믿음직한 친구가 아닌 덤벙대는 친구에게 빌려준다는 사실이 말이죠. 이렇듯 **사람은 경험에 의존해 살아갑니다. 그래서 그 경험이 가장 중요한 판단의 기준이 됩니다.** 끌리는 트레이너는 그런 이유로 회원들에게 가벼운 것들을 받아냅니다.

"이거 하나 물어봐도 될까요?"

"지금처럼 운동이 늘어지면 제가 너무 미안해서 나중에 회원님 얼굴을 못 봐요. 회원님, 저 미안하지 않게 좀 도와주세요."

이렇게 멘트 속에 숨겨진 작은 부탁에 익숙해지면 회원은 점차 트레이너의 제안이나 요청을 들어주기 쉬워지는 것입니다.

"이거 하세요."라는 지시하기의 원리도 앞서 살펴본 "저 좀 도와주세요."와 같습니다. 반복된 경험으로 익숙해지고 무뎌지게 만드는 것. 거기에 '본전 심리'를 더하여 아주 강력한 힘을 발휘하는 것이 지시하기입니다. 여러분은 회원과의 상담에서, 혹은 식단이나 운동 관리를 할 때 어떻게 하고 있나요?

저는 회원들에게 이렇게 지시를 하라고 말하곤 합니다.

"50분의 운동만으로 놀라운 변화를 만들고 싶은 게 맞나요? 그렇다면 수업 시작 10분 전에 도착해 척추 스트레칭을 하세요. 그래야 50분을 더 효과적으로 쓸 수 있거든요."

"다른 사람은 몰라도 내 몸만큼은 확실하게 컨트롤할 수 있는 정확한 전략이 있다면 어떨까요? 만약 그것을 원하신다면 잠자리에 들기 전 기상부터 취침까지 하루의 일과를 모두 적어보세요. 그래야 인바디를 측정하고 그 원인을 파악할 수 있거든요."

"빠르게 운동 기술을 익히고 폼 나게 운동할 수 있게 된다면 몸이 얼마나 빨리 변할까요? 내일은 스스로 운동을 해보고 어떻게 운동을 했는지 시간까지 잘 적어서 보여주세요. 회원님의 발전 속도에 맞추어 레슨을 진행하고 싶거든요."

이때 '해주세요.'가 아닌 '하세요.'의 지시형으로 말하는 것이 중요합니다. 명분이 확실한 지시는 회원을 행동하게 만듭니다. 회원의 행동력이 높아질수록 당연히 PT 레슨의 결과는 좋아지고 만족도가 높아져 재방문, 재등록이 늘어나는 선순환의 구조가 이어집니다. 심지어 지시를 하고 지시를 받은 경험 때문에 명분이 있는 재등록 권유를 자연스럽게 따르게 됩니다.

그럼 이렇게 지시만 해도 긍정적인 결과가 나오게 될까요? "저 좀 도와주세요."의 도움받기와 달리 "이거 하세요."의 지시하기는 한 가지 심리를 추가해야 합니다. 바로 '본전 심리'입니다. 이 심리는 흔히 한번 빠지면 헤어 나오지 못한다는 도박에서 자주 볼 수 있는 심리입니다. 다음 사례를 보면 그 이유를 이해할 수 있습니다.

모처럼의 해외여행에서 두 사람이 처음으로 카지노를 방문하게 됩니다. 호기심에 말이죠. 그리고 저녁 10시에 카지노의 슬롯머신을 시작한 두 사람 중 한 사람은 '역시 도박은 하면 안 돼.'라며 자리를 훌훌 털고 나왔고, 다른 한 사람은 다음 날 해가 뜨도록 헤어 나오지 못하고 카지노에 빠지게 되었습니다. 왜 이런 결과가 나왔을까요?

훌훌 털고 일어난 사람은 처음에 만 원을 투자했습니다. 그리고 몇 번 잃고 따기를 반복하다 만 원을 탕진했죠. 반면 다른 사람은 모처럼의 경험이니 큰맘 먹고 100만 원을 투자했습니다. 마찬가지로 잃고 따기를 반복하다 모두 탕진했지요. 그런데 이 두 사람의 심리는 달랐습니다. 만 원이면 그냥 밥 한 끼 먹었다고 생각할 수 있지만, 100만 원은 고급 호텔 숙박비와 맞먹는데 이번 여행에서 절약해보겠다고 중저가의 숙소를 잡은 본전 심리가 발동한 것입니다.

투자한 돈 혹은 들어간 시간과 노력의 양에 따라 본전 심리가 발동합니다. 그래서 지시를 할 때에는 이 심리를 이용해 회원의 시간이나 노력이 들어가도록 해야 합니다. 예를 들면 식단 관리를 할 때 1초면 끝나는 사진 찍기보다는 적어도 1분 이상 걸리는 글로 적기를 지시하는 것입니다. 명분은 "문서로 정리가 되기 때문에 인바디 측정 후 원인 파악이 용이하다." 라고 하면 충분합니다. 이렇게 노력이 더 들어가게 되면 회원은 지시를 잘 따르게 되고, 당연히 PT 레슨의 결과는 효과적으로 나옵니다. 게다가 지시에 익숙해지면서 회원은 점차 트레이너의 지시를 따르기 쉬운 심리 상태가 됩니다.

한번 상상해보세요. 그동안 도움을 요청하지도 않았는데 레슨이 끝날 때가 되니 재등록을 통해 좀 더 도움을 받아보지 않겠느냐고 물어본다면 회원이 어떻게 그 상황을 받아들일까요? 재등록을 위한 뻔한 상술로 느끼지 않을까요? 피할 수 없는 도움받기와 지시하기, 그 해결법은 회원의 감각을 무뎌지게 만드는 것입니다.

야, 너도
할 수 있어!

LESSON 7

◆ 초보 트레이너는 회원을 유혹하려 하지만, 끌리는 트레이너는 회원이 스스로 선택하게 만듭니다. 그리고 PT 계약이 이루어졌을 때 하수는 '내가 고객을 설득했다.'고 생각하지만 회원은 '내가 합리적인 선택을 했다.'고 생각합니다. 사람은 누구나 자신이 설득당했다는 사실을 인정하려 하지 않습니다. '나의 필요에 의해, 고민의 시간을 거쳐, 합리적인 선택을 했다.'고만 생각합니다. 그래서 끌리는 트레이너는 이렇게 표현합니다. 고객의 필요를 자극했고, 고민의 시간을 줄여주었으며, 운동법의 장점을 효과적으로 보여줘 합리적인 선택에 도움을 주었다.'라고 말입니다.

초보와 억대 연봉 트레이너의 차이는 명확합니다. '나에게 이로운 것이 아닌, 회원에게 이로운 것을 한다.' 이것을 몸으로 느끼고 머리로 이해하는 것에서부터 시작해야 합니다. 이것은 애초에 있지도 않았던 능력을 만드는 것이 아닙니다. 내가 가지고 있던 것에 관심을 가질 수 있도록 유도하고, 또 그것이 도움이 되는 길임을 안내하는 것. 이것이 전부이고, 이것이면 충분합니다.

관심이 가지 않는 구조에서 관심을 기대했던 것이 실수였고, 다시 찾아올 이유가 없는 구조에서 재방문을 기대했던 것이 잘못이었습니다. 재방문을 하면 이득이 있는 구조, 저절로 눈길이 가는 관심이 가는 구조, 회원이 돌아오는 무한 루프의 시스템을 구축해야 스스로 되돌아옵니다. 그것도 더 좋은 마음가짐으로 말이죠.

회원이 알아서 찾아오는 억대 연봉의 끌리는 트레이너. 나의 효과 좋은 운동법과 훌륭한 관리 시스템이 빛을 보기 위해서는 '대화법'이라는 바탕이 탄탄해야 합니다. 말 한마디만으로도 내일 당장 효과가 나타나는 그 대화법 말입니다.

그저 오늘과 다르게 말하기만 하면 됩니다.

당장 지금부터, 여러분도 할 수 있습니다!

포지셔닝은 위치 잡기, 자리 잡기입니다.

신규 상담 기술도 배웠고, 재구매 노하우도 알았다면

이제 전문가적인 포지셔닝 단계에 올라가야 합니다.

트레이너로 머무는 게 아니라 컨설턴트가 되어야 합니다.

회원에게 끌려다니지 않고

회원을 끌고 가는 시스템을 만들어야 합니다.

여러분은 그냥 운동만 챙기는 사람이 아니라

회원들의 인생 방향키까지 잡아주는 사람입니다.

남다른 트레이너가 되려면 스스로 남다른 사람이 되어야 합니다.

신규 회원을 잘 잡고, 재구매까지 확실하게 이끌었다면

이제 믿을 수 있는, 보다 신뢰가 가는 전문가의

포지셔닝 자리에 올라서야 합니다.

이 장에서는 그 방법을 이야기하려고 합니다.

PART 5

끌리는 멘토 포지셔닝 시스템

끌리는 멘토의
포지셔닝 5단계

◆ 이제부터는 재방문, 재등록을 넘어서는 무한 루프 멘토 포지션을 이야기하려고 합니다. 사실 멘토라는 말은 빼려고 했는데 일단 조금 더 쉽게 설명하기 위해 살려서 설명하겠습니다. 멘토라는 말의 역할과 포지셔닝이 분명 있으니까요.

여러분은 멘토라는 존재에 대해 어떻게 알고 있나요? 멘토는 자신의 경험과 지식을 바탕으로 앞으로 나아가야 할 방향을 가리켜주고 조언해주는 위치에 있는 사람입니다. 다시 말해서 방향키를 잡아주는 사람입니다. **어떻게 해야 할지 몰라 방황하는 사람에게 물리적, 심리적 안정감을 주고 가야 할 길을 제시해주는 이 멘토의 포지션을 꽉 잡아야만 끌리는 트레이너가 될 수 있습니다.**

끌리는 트레이너는 하늘에서 뚝 떨어지지 않습니다. 강의 몇 번만으로 만들어지지도 않습니다. 스스로 셀프 피드백을 통해 부족한 부분을 찾아내고, 그것을 수정하며 만들어지는 것이 끌리는 트레이너입니다.

'내가 회원들에게 좀 딱딱했구나.'
'내가 회원들에게 너무 기술적 이야기만 했구나.'
'내가 회원들의 이야기는 듣지 않고 내 말만 했구나.'

바로 이런 **백미러 사고**가 있어야 끌리는 트레이너의 고속도로에 진입할 수 있습니다.

트레이너로 일하면서 꼭 잡아야 할 포지셔닝은 총 다섯 가지입니다.

첫 번째는 회원과 첫 만남에서의 포지셔닝입니다. 이는 첫인상과도 관련 있습니다. 회원에게 편안하면서 '이 사람에게는 솔직하게 이야기해도 되겠구나.'라는 신뢰를 주어야 합니다. 여기서 분위기를 잘 잡아주면 탄력을 받은 회원은 수다쟁이가 되어 보다 많은 이야기를 들려줄 것입니다. 첫 만남부터 심문하듯이 꼬치꼬치 묻는다면 압박받는 분위기 때문에 회원의 대답은 성의가 없어지고, 단답형으로만 말해 도저히 그다음 단계로 넘어갈 수가 없습니다.

두 번째는 운동 체험에서의 포지셔닝입니다. 가령 서빙의 경우 외국에서는 종업원에게 팁을 주는 것이 너무도 자연스러운데 우리나라는 어떤가요? 알아서 해주고, 당연하게 해주는 친절한 서비스인의 모습이 아닌, 회원이 스스로 요청하게 만드는 분위기로 주도권을 잡아야 합니다. 여기까지 했다면 회원과의 첫 계약에서 좋은 성과를 볼 수 있습니다.

세 번째는 PT 계약 후 시작되는 레슨에서의 포지셔닝입니다. 이때에도 운동 방법이나 기술은 성공적인 결과를 만드는 데 중요한 요소가 아닙니다. 성공적인 레슨을 만드는 가장 중요한 요소는 회원의 참여도입니다. 신선한 식재료로 생일상 같은 맛있는 밥상을 차려줘도 회원이 젓가락질을 하지 않으면 결국 잔반이 되어 쓰레기통으로 들어갑니다. 그래서 레슨은 과정에서의 의미를 회원 스스로 찾을 수 있도록 피드백을 전달하는 시간이 되어야 합니다.

만약 **레슨이 오직 가르쳐주는 시간만 된다면 회원은 운동도, 식단도 모두 손놓고 PT를 받기 전처럼 계속 다짐하고 미루기만 했던 과거의 수동적 성향으로 변하게 될 것입니다.** 이러면 성공적인 결과에서도 멀어지고, 재등록에서는 더더욱 멀어지게 됩니다.

네 번째는 재등록 시기에서의 포지셔닝입니다. 회원과의 관계에서 네 번째 단계의 포지션까지 잡게 된다면 그때부터는 끌리는 트레이너라고 소개를 할 수 있을 만큼 어느 정도 멘토로서의 위치를 잡게 될 것입니다. 세 번째까지는 마주하는 상황에서의 순간순간이 포인트였다면 네 번째 단계는 축적되어야 빛을 보는 단계이기 때문입니다.

이 단계에서의 핵심은 훈련과 믿음입니다. 적어도 열 번, 평균 서른 번의 레슨을 진행하면서 끌리는 트레이너는 회원에게 지속적인 선택 상황을 제시하게 됩니다. '지금도 괜찮아.'라는 안정형이 아닌 '좀 더 욕심내볼까?'라는 성장형으로 선택하는 훈련을 위해, 그리고 그 과정에서 회원 스스로 선택에 대한 믿음을 얻을 수 있는 기회를 계속 주는 것이죠. 그랬을 때 회원은 군이 설득하지 않아도 알아서 재등록이라는 성장형의 선택을 하게 됩니다.

마지막 다섯 번째는 독립에서의 포지셔닝입니다. 완벽한 멘토 포지션을 잡는 다섯 번째가 되면 4장의 무한 루프 시스템까지 자연스럽게 손에 들어옵니다. 내 이야기를 솔직하게 털어놓을 수 있고, 당장 내일부터 뭐든 시도해볼 수 있는 구체적인 피드백을 주어 나 스스로 실천하게 만들어주는 사람. 심지어 그 과정의 반복으로 자존감과 자신감이라는 무기가 장착되어 어떤 누구의 도움 없이 스스로 자립할 수 있는 독립까지 시켜준 스승과 같은 존재. 힘들 때마다 생각나고 감사할 때도 생각나는, 인생에서 떼려야 뗄 수 없는 무한 루프의 흐름이 생기는 것입니다. 트레이너는 운동이라는 수단을 통해 몸의 단련은 당연하고, 뚝심과 초심을 잃지 않는 멘탈까지 단련시켜주는 그런 사람이 되어야 합니다.

포지셔닝을 잡으면서 시스템 측면도 살펴봐야 합니다. 시스템은 트레이너에게 좋은 게 아니라 회원들에게 좋아야 합니다. 여러분은 회원의 레슨을 준비할 때 어떻게 하나요? 의사처럼 전문용어로 잔뜩 쓰인 차트에 운동일지를 기록하고 있나요? 이 시스템은 회원에게 좋은 시스템이 아닌 트레이너에게 좋은 시스템입니다.

내 진료 기록이지만 내 손에 들어오지 않는 병원의 차트. 번거롭게 신청하여 받아보더라도 전혀 알아볼 수 없는 제2외국어 같은 차트. 여러분에게 병원 차트가 의미가 없듯 회원에게도 시스템은 의미가 없습니다. 그런데 트레이너들 중에는 시스템을 어필하는 분들이 있습니다. 자기들이 이런 식으로 꼼꼼하게 적어가면서 관리한다며 회원에게 관리력을 이야기합니다.

고객을 위한 데이터이고 고객을 위한 시스템이어야 하는데, 실상은 센터 운영을 위한 시스템입니다. 트레이너가 월급을 받기 위해 수업을 처리하고 있다는, 보여주기 식의 시스템인 것입니다. 그것이 전부입니다. 회원이 이득으로 받아들일 수 있는 방향으로 시스템을 세팅해서 트레이너가 5단계 멘토 포지션을 잡을 수 있도록 탄탄하게 받쳐주는 것이 중요합니다.

회원에게 끌려다니지 않고 알아서 끌려오게 만드는 트레이너는 상담에서 오직 방향키를 잡아주는 것에만 집중합니다. 그리고 PT 계약 후 본격적인 수업에 들어가면 비로소 회원에게 기술을 알려줍니다. 기술을 알려주는 과정에서도 얼마만큼 이해하고 써먹었는지, 그전과는 무엇이 달라졌는지를 회원들이 스스로 공감하고 납득하도록 방향을 잡아주는 것에 집중해야 합니다. 때로는 회원에게 "지금처럼 집중하지 못한다면 앞으로 함께하기는 무리인 것 같습니다."라고 말하며 강력한 전문가 포지션으로 점점 엇나가고 나태해져 안정 지향형이 되어버린 멘탈의 방향을 잡아주어야 합니다.

회원이 그 방향성에 공감하는 순간 트레이너에게 흔들리지 않는 신뢰가 생기고, 다른 방향으로 엇나가지 않아서 다행이라는 단단한 믿음도 생기게 됩니다. **방향성은 설득하고 가르치는 것이 아니라 어느 방향으로 가는지 가리키고 스스로 공감하게 하는 것입니다.**

우리는 기술만을 알려주는 교육자가 되어서는 안 됩니다. 앞에서도 이야기했듯이 질문의 힘은 생각의 힘을 만듭니다. 질문에 대한 대답을 하기 위해 생각하게 만드는 것. 제대로 짜여진 질문은 상담의 방향을 결정하고 있어빌리티의 효과뿐만 아니라 멘토로서의 포지션을 잡아주는 끌리는 트레이너에게 있어 효자 역할을 톡톡히 할 것입니다.

질문의 힘을
믿어라

◆ 혹시 아직도 질문의 힘에 대한 의심이 남아 있나요? 회원을 끌어당기는 질문의 언어. 사실 이것은 선택의 문제가 아닙니다.

만약 어떤 사람이 갑자기 가슴을 부여잡더니 길바닥에 쓰러졌다면 119에 전화를 해야 할까요, 말아야 할까요? 당연히 전화를 해야 하지요. 이처럼 트레이너에게 질문의 언어를 사용할지 안 할지는 선택의 문제가 아닙니다.

아직도 질문의 힘을 의심하는 분들을 위해 또 다른 사례를 소개해드리겠습니다. 여러분의 학창 시절 수업시간을 떠올려보십시오.

점심을 먹고 따스한 햇살이 창문을 비추는 오후 2시. 리드미컬하게 들리는 칠판의 필기 소리가 점점 희미해지며 무거운 졸음이 쏟아지는 그때 갑자기 선생님이 말합니다. "오늘 17일이지? 이 반 17번이 누구지? 17번

이 일어나서 여기 한번 해석해볼까?"

아마 17번 학생은 그렇게 참기 힘들었던 졸음이 확 달아나고 정신이 번쩍 들게 될 것입니다. 다들 한 번씩 이런 경험이 있을 것입니다. 그래서 저는 트레이너를 위한 마케팅 강의시간에 이렇게 이야기합니다.

"듣는 사람은 졸 수 있어도, 말하는 사람은 졸 수 없다."

사자성어 중에 '역지사지'라는 말이 있습니다. 상대방의 입장에서 생각해보라는 말입니다. 지금도 현장에서는 트레이너들이 롤게임이라는 역할극을 통한 상담 기술을 연습하고 있을 것입니다. 후배 트레이너들의 상담 모습을 보면 하나같이 인바디 설명, 근육 설명, 기초대사량 설명……. 설명에, 설명에, 또 설명을 합니다. 간혹 질문을 주로 하는 후배도 있습니다. 그런데 아쉽게도 제대로 된 질문을 하지는 못합니다.

"어떻게 그것이 문제가 될 수 있나요?"
"그것이 언제부터 문제로 다가오기 시작했죠?"
"스스로 체감하기에 얼마만큼의 고민으로 다가오나요?"

이 세 가지 질문에 답을 한번 해보면 아마 신기한 경험을 하게 될 것입니다. 사소하게 생각했던 고민이 사소하지 않은 이유를 스스로 만들게 되고, 그것이 언제부터 시작되었는지, 그리고 이대로 가만히 있어서는 안되겠다는 생각까지 들 것입니다.

트레이너가 전문가로서 포지션을 잡고 힘을 얻으려면 제대로 된 질문을 해야 합니다. 센터 자체의 교육이나 혹은 감각적으로 '질문으로 회원의 정보를 알아내야 한다'는 것의 중요성을 아는 분들이 있기는 합니다. 그래서 한 번씩 질문을 하기는 합니다. 그런데 이상하게도 그 끝은 결국 '설명'입니다.

왜 항상 이렇게 되는 걸까요? 이것은 제대로 된 질문을 하지 못해서입니다. **피트니스 현장에 적합한 형태의 질문을 사용해야 하는데 일반적인 서비스업에서 말하는 '닫힌 질문', '열린 질문'의 스타일을 적용했기 때문입니다.**

트레이너의 상담법은 조금 특수해서 다른 서비스업과 달리 열린 질문과 닫힌 질문이 아닌 '참여 질문', '비참여 질문'으로 구분해서 사용해야 합니다. 질문을 하면 할수록 회원이 집중하고 참여도가 올라가는 질문. 그런 참여 질문을 통해 회원이 졸지 않고 정신을 바짝 차리게 만들어야 합니다.

참여 질문 중 하나로 '어떻게'를 활용하는 방법이 있습니다. 연습은 이렇게 하면 됩니다. 지금까지 해왔던 '왜'로 시작하는 질문을 모두 '어떻게'로 바꾸어보는 것입니다.

"그것이 왜 문제가 되나요?" ≫ "그것이 어떻게 문제가 되나요?"

"왜 좋아질까요?" ≫ "어떻게 좋아질까요?"

"왜 살이 더 잘 빠질까요?" ≫ "어떻게 살이 더 잘 빠지는 걸까요?"

단순히 '왜'를 '어떻게'라는 단어로만 바꿨을 뿐인데 대답을 하는 회원이 수다쟁이가 되어 상황을 구체적으로 길게 이야기하는 신기한 경험을 하게 될 것입니다.

트레이너가 이런 참여 질문을 계속해서 이어가면 회원들은 점점 이렇게 믿게 됩니다.

'이 트레이너는 설명을 장황하게 하지 않네?'

'나를 설득하려 하지 않아서 마음이 편해.'

'이야기를 계속하다 보니 빨리 문제를 해결해야 할 것 같은데?'

'이렇게 질문하는 것을 보니 분명 뭔가 알고 있는 것 같은데?'

뛰어난 실력을 갖추고 있음에도 비교당하는 선생님들을 볼 때마다 항상 마음이 아픕니다. 억대 연봉의 트레이너를 꿈꾸는 선생님들. 이제 더 이상 알려주고 설명하려 하지 마세요. 스스로 공감하고 깨닫도록 질문으로 회원을 성장시켜주세요.

설명의 언어를 내려놓고 질문의 언어를 집어드는 순간 더 이상 비교당하지 않고 여러분을 초롱초롱한 믿음의 눈동자로 바라보는 회원을 만나게 될 것입니다. 그 결과 계속해서 잔소리하지 않아도 알아서 능동적으로 움직이는 회원, 만날 때마다 변해 있는 회원의 모습에 신기함을 느낄 것입니다.

실력을 의심할 때 필요한 건 질문과 되묻기

◆ 최근 유튜브의 강세가 더욱 거세지고 있습니다. 사소한 것 하나도 검색만 하면 깊숙이 알 수 있는 세상이 되었습니다. 그리고 여기에 발맞추어 수면 위로 떠오른 문제가 하나 있습니다. 너무도 많은 정보들 때문에 혼란이 커지게 된 것입니다. 그래서 '찐' 정보의 분별력이 중요해졌습니다.

예전에도 있었지만 특히 요즘 더 심해진 현장에서의 고민은 바로 이런 것입니다.

"선생님, 유튜브에서는 다르게 말하던데요?"

회원들이 비교를 하기 시작했습니다. 그리고 점점 의심이 싹트기 시작했습니다. 이런 상황이 현장에서 비일비재하게 벌어지고 있습니다. 트레이너들을 당황하게 만드는 이 의심들, 여러분은 어떻게 대처하고 있나요?

내 실력을 의심하는 회원이 있다면 이렇게 해보면 좋습니다. 바로 '질문과 되묻기'를 해보는 것입니다. 되묻기를 계속하면 사람들은 자연스레 이렇게 생각하게 됩니다. '뭔가 알고 있으니 계속 이렇게 물어보는 거겠지?' 바로 앞에서도 이야기한 질문의 힘입니다. 되묻는 질문을 받는 순간 기억 속 유튜브는 희미해지고 바로 눈앞의 여러분에게 집중합니다. 그리고 여러분의 입에서 나올 이야기에 호기심을 느끼게 될 것입니다. 질문이 포지션을 만든다는 게 바로 이런 것입니다.

운동 기술이나 방법보다 중요한 것은 대화법입니다. 왜냐하면 대화법이 트레이너를 전문가로 포지셔닝시키는 데 아주 강력한 역할을 하기 때문입니다.

대부분 오류를 범하는 전문적인 설명을 통한 설득의 유혹만 넘기면 됩니다. **설득의 분위기가 형성되는 순간 그 트레이너는 유튜브의 유명 강사들, 같은 센터의 동료들과 직접 비교를 당할 위험이 있습니다.** 그러므로 다음과 같이 설명하고 싶은 설득의 유혹에 넘어가면 안 됩니다.

'PT를 받아야 하는 이유를 설명한다.'
'PT를 받지 않았을 경우 발생될 문제를 설명한다.'
'PT를 받는 것이 더 경제적인 이유를 설명한다.'

PT 상담에서 기대한 것만큼 계약률이 따라주지 않아 이 책을 손에 잡은 분들은 이 범주에서 크게 벗어나지 않았을 것입니다. 그래서 더 많은 설명과 더 공감되는 설명을 통해 회원이 스스로 "저 PT 받을게요."라는 말을 하길 기다리고 또 기다렸을 것입니다. 월말 마감을 앞두고는 정말 지푸라기라도 잡는 애타는 마음으로 회원을 설득하려고 시간까지 내가면서 더 자세하고 꼼꼼한 설명에 집중했던 분들도 있을 것입니다.

"회원님, 탄수화물은 인슐린이라는 호르몬의 분비를 촉진시킵니다. 그러니 탄수화물을 줄이셔야 합니다."

"회원님, 우리 몸은 향상성이라고 해서 주식의 상한가, 하한가처럼 변화의 한계를 정해두기 때문에 한 번의 강력한 운동으로는 살이 빠지지 않습니다. 그러니 운동을 더 자주 나오셔야 합니다."

혹시 이렇게 전문적인 내용에 쉬운 비유를 들어 회원에게 설명하고 있지는 않았나요? 그 결과는 어떻게 되었나요? 회원이 더 열심히 운동을 나오게 되었나요? 오히려 PT의 효과에 대해 의심하지는 않았나요? 아마 대부분 여러분의 말을 들으려 하지 않았을 것입니다. 그러니 이제는 이렇게 하지 마십시오. 더 이상 설명으로 회원을 설득하려 하지 마십시오.

여기서 질문을 하나 해보겠습니다. 회원에게 같은 센터에서 함께 일하는 내 옆의 동료 말고 당신과 운동을 해야 하는 이유, 오직 당신에게 PT를 받아야 하는 이유를 자신 있게 이야기할 수 있습니까? 저는 이 질문을 운동 강사들을 위한 마케팅 강의에서 늘 합니다. 그런데 강의에 참여한 대부분의 트레이너들이 대답을 주저합니다. 왜 그럴까요? 트레이너들은 PT

를 받아야 하는 이유는 고민하지만, 다른 트레이너가 아닌 나에게 꼭 PT를 받아야 하는 명분에 대해서는 조금 가볍게 생각하는 경향이 있습니다.

그렇다면 회원들이 줄을 서는 끌리는 트레이너들은 어떨까요? 그들은 PT를 받아야 하는 이유보다 '왜 꼭 나여야만 하는가?'에 집중합니다. 그래서 회원들에게 선택을 받는가 봅니다. 회원들이 줄을 서서 선택을 기다리고 그렇기 때문에 남다른 연봉까지 받는 것 같습니다.

<mark>내 실력을 의심하지 않게 하려면 '왜 꼭 나여야만 하는가?'에 대한 흔들리지 않는 믿음을 주는 것이 중요합니다.</mark> 아마 수많은 트레이너들이 끊임없이 운동 전문 교육을 찾아서 듣는 이유가 '나여야 하는 이유'를 만들기 위해서 아닐까요?

회원들은 효과적인 운동법과 전문적인 운동 지식에 끌린다기보다 나를 움직이게 만들어주는 트레이너의 '리더십'에 더 끌립니다.

'어떻게 하면 회원이 더 참여하게 만들까?'
'회원들이 스스로 성장하는 데 필요한 것은 무엇일까?'
'그래서 나는 회원들에게 어떤 리더십으로 방향을 가리켜주어야 할까?'

이것을 먼저 고민하고 나만의 리더십을 만드는 것이 우선입니다. 그게 갖추어져야 회원들이 당신을 의심하지 않고, 아니 오히려 당신만을 믿고 의지하게 될 것입니다. 이렇게 흔들리지 않는 팬심으로 나만을 따르는 회원들이 생기면 그때부터 오직 나에게만 줄을 서는 기적이 일어날 것입니다.

　내가 내 입으로 "나 잘났어요."라고 말하는 사람보다 다른 사람의 입에서 "이 사람 잘났어요."라는 소문이 돌 때 쩐 고수의 전문가 포지션이 만들어집니다. 그게 바로 끌리는 트레이너가 되는 길입니다.

실력과 경력보다
회원에게 선택받는 게 최우선

◆ 간혹 이런 착각을 하는 분들이 있습니다. '나의 운동 지식이 많아지면, 내 몸이 좀 더 멋있어지면, 내가 좀 더 꼼꼼하게 관리해주면, 그러면 회원이 나와 PT 계약을 해주겠지?' 정말 그럴까요? 만약 이런 것들이 정말 중요하다면 현장의 상황은 지금과 꽤 많이 달라야 할 것입니다.

"저는 이번에 제대로 마음먹고 왔기 때문에 팀장급 트레이너에게 레슨을 받고 싶어요."

"기왕 PT를 받는 거 동기부여가 되도록 덩치도 크고 몸 좋은 선생님으로 붙여주세요."

"이번에 운동을 제대로 배워보고 싶으니 식단과 운동 모두 꼼꼼하게 기록해주는 분으로 해주세요."

여러분을 찾아오는 회원들 중 이렇게 요구하는 회원은 한 달에 몇 명이나 되나요? 회원들이 줄 서는 끌리는 트레이너들은 남다른 통찰력으로 일의 순서를 꿰뚫어봅니다. 전문직인 트레이너에게 실력과 경력, 당연히 중요합니다. 하지만 그것이 회원에게 선택받는 것보다 우선이 되지는 않습니다. 아무리 실력이 뛰어나더라도 회원에게 선택받지 못한다면 그것은 빛 좋은 개살구일 뿐입니다.

만약 다음과 같은 상황이라면 여러분은 어떤 의사를 선택하겠습니까? 모처럼 놀러 간 소풍, 갑자기 배가 아프기 시작합니다. 근처 병원에서 간단히 치료받고 약을 처방받으려 했는데 의사선생님이 이렇게 이야기합니다.

"복통이 자주 있나요?"
"아니요, 그렇지는 않아요. 오늘 갑자기 그러네요."
"한번 그러면 계속 이럴 수 있어요. 이참에 건강검진 한번 받아보시죠."

의사선생님의 권유에 바로 'Yes'라고 말할 건가요? 한편 과거 진찰을 받았던 경험이 있고, 나에 대해 잘 알고 있는 의사선생님이 권유한다면 어떨까요? 같은 상황에서 말이죠.

"기왕이면 다홍치마"라는 속담처럼 대부분의 사람들은 동일한 조건에서 더 나은 쪽인 '나에 대해 얼마나 알고 있는가?'를 기준으로 의사를 선택합니다. 객관적인 요소를 따져보지 않고 단지 나를 아는가, 그것 하나만으로 선택을 하는 것입니다. 혹시 이 부분이 의심되는 분들은 눈을 감고 기억을 더듬어보세요. 사기, 배신, 소문 등 사건이 벌어지고 하나하나 따져보면 '내가 도대체 왜 그랬지?'라고 할 정도로 근거 없는 선택을 한 적이 있을 것입니다. 단지 나에 대해 잘 안다는 이유 하나만으로 묻고 따지지도 않고 믿지 않았나요?

지나가다 찾은 근처 병원의 의사나 나에 대해 잘 알고 있는 의사 모두 전문가입니다. 아니, 오히려 근처 병원의 의사가 더 뛰어날 수도 있습니다. 하지만 우리의 선택은 나를 알고 있는 주치의입니다. 그래서 앞서 소개해드린 끌리는 트레이너의 첫 번째 포지셔닝처럼 '이 사람에게는 솔직하게 이야기해도 되겠구나.' 하는 분위기를 만들어 회원을 수다쟁이로 만들어야 하는 것입니다. 그러면 구구절절 설명하며 전문성을 보여주지 않아도 자신의 수다를 들었다는 이유 하나만으로 특별한 트레이너가 되기 때문입니다. 마치 주치의처럼 말이죠.

사실 내 입으로 내 자랑을 하면 모양새가 썩 좋아 보이지 않습니다. 그래서 수많은 전문 직종 중 꼭대기에 있는 의사들이 본인 입으로 병을 잘고친다고 말하지 않는 것입니다. 만약 의사가 환자 앞에서 "제가 유학도 다녀왔고 경력도 있기 때문에 믿고 치료를 받으셔도 됩니다."라고 말하면 오히려 의심이 가는 상황이 연출될 수도 있습니다.

의사를 취미가 아닌 직업으로 삼고 급여를 받고 있다면 기본적인 것들은 묻고 따질 이유가 없습니다. 그래서 우리를 찾아오는 회원들도 트레이너의 지식수준과 경력을 따지지 않습니다. 여러분도 트레이너를 직업으로 삼고 급여를 받고 있으니 그것 자체에서 기본적인 것들은 이미 검증이 되었음이 바탕에 깔리는 것입니다. 그러니 '나는 아직 실력과 경험이 부족하니 선택을 못 받을 수도 있지.'라고 생각하며 비굴함의 정신 승리 마인드를 가지지 마십시오.

만약 회원의 선택을 받기 위해 실력과 경험을 말하기보다 듣는 것을 우선으로 한다면 여러분의 경력과 자격증 개수에 상관없이 이번 달부터 선택받는 즐거움을 경험할 수 있을 것입니다. 기술이 뛰어나다고 남다른 트레이너가 되는 것이 아니라 내 앞에 앉아 있는 회원의 모든 것을 하나하나 알기에 남과 달라지게 되는 것입니다.

트레이너가 튀는 건 중요하지 않습니다. 주치의처럼 눈앞에 있는 회원의 모든 것을 듣고 알아내면 일반적인 트레이너에서 남다른 트레이너로 자연스럽게 튀게 됩니다. 지금 눈앞에 있는 회원한테만큼은 말이죠. 그게 끌리는 트레이너의 포지션입니다.

저는 수많은 분들에게 제가 연구한 PT 상담의 노하우를 이야기해드렸는데, 그중 오로지 멘트에만 매달리는 분들도 있었습니다. 그런 분들은 좀처럼 변하지 않고 계속 거절을 듣게 된다고 합니다. **같은 말을 하더라도 '누가 이야기하는가'에 따라 듣는 사람은 다르게 받아들입니다.** 그런데 입으로만, 오직 멘트로만 접근하려 하니 잘 안 되는 것입니다.

남다른 자세의 멘토 포지션을 갖추고 거기에 멘트가 더해져야 회원들의 반응이 달라집니다. 실력을 의심하는 회원에게 일단 헛웃음 치며 당당하고 능청스러운 전문가의 포지션을 잡고 난 후 "회원님, 제가 뭐라고 할 것 같아요?"라고 되묻는 질문을 한다면 회원은 너무도 당당한 분위기에 당황하며 멘트의 의미를 해석하려 합니다. 그 멘토 포지션의 분위기 때문에 '내가 모르는 뭔가 있구나.' 하는 믿음과 신뢰의 감각을 느끼게 되죠. 몇 번을 강조해도 부족하지 않은 회원들이 원하는 트레이너의 이상적인 모습, 그것은 **대학 교수님 같은 트레이너가 아닌 리더십을 갖춘 인간미 넘치는 트레이너입니다.**

회원을 알기 위해
묻고 또 물어야 한다

—— LESSON 5 ——

◆ 끌리는 트레이너가 되려면 자기를 알리는 사람이 아니라 회원을 아는 사람이 되어야 합니다. 회원의 생각, 마음, 상황, 욕구, 라이프 스타일을 묻고 또 확인도 받아가며 상담을 하고 컨설팅하고 트레이닝을 해주어야 합니다. 앞에 앉아 있는 회원에 대해 자세히 아는 것, 바로 거기부터 끌리는 트레이너로서의 포지션이 시작됩니다. 대부분의 운동 강사들도 여기까지는 이미 체감하고 있을 것입니다. 그런데 회원이 줄 서는 트레이너들은 바로 이 지점부터 남다른 횡보를 보입니다.

회원에 대한 정보를 알기 위해 우리는 '질문'을 합니다.

"운동 목적이 어떻게 되세요?"

"식단은 어떻게 하고 계세요?"

"운동 경험은 있으신가요?"

저는 이런 질문을 '상황 파악 질문'이라고 표현합니다. 회원의 현재 상황만을 알 수 있는 이런 질문들을 두 번 이상 묻는다면 마치 경찰서에서 피의자를 심문하거나 소개팅에서 상대방의 호구조사를 하는 듯한 딱딱하고 사무적인 분위기가 되어버립니다.

"지금도 괜찮아 보이는데 어떤 부분이 고민으로 다가오나요?"
"현재의 식단 관리 방법에 충분히 만족하고 계신가요?"
"운동하면서 만족스럽지 않았던 부분은 무엇이었나요?"

반면 이런 질문에는 회원들이 어떤 이야기를 할까요? 바로 문제-불평-불만-고민-불만족-스트레스를 이야기할 것입니다. 'PE 파악 질문'이라고 이름 붙인 이런 형태의 질문은 단순히 상황을 파악하는 것이 아니라 회원이 체감하고 있는 문제의 감정에 집중합니다. 그래서 회원의 '이런 것까지'를 알 수 있습니다.

'이 사람은 이 감각에 민감한 반응을 보이는구나.'

주변에서 쉽게 볼 수 있는 상황 중에 이런 경우가 있습니다. 휴대전화 액정이 깨졌는데 수리도 받지 않고 스카치테이프 하나 붙여놓고 그대로 쓰는 경우 말이죠. 그러다 어느 날 갑자기 휴대전화를 바꿔온 것입니다. 액정만 바꾸면 될 텐데 왜 굳이 휴대전화를 바꿨을까요? "아니, 어제 데이 트하는데 여자친구가 돈 없냐고 물어보는 거야. 그래서 그날로 바꿔버렸어." 만약 이렇게 이야기한다면 우리는 아주 소중한 정보를 하나 얻을 수 있습니다. '이 사람은 청각적인 부분에 민감한 사람이구나.' 이 친구에게 어떤 제안을 한다면 이렇게 이야기하는 것이 효과적일 것입니다. "너 나중에 이런 소리 듣게 될지도 몰라."라고 말이죠.

앞서 3장에서 질문은 미완의 질문과 완성형 질문, 두 가지로 구분된다고 소개해드렸습니다. 그리고 미완의 질문 중 참여형의 언어를 사용한다면 밋밋한 질문이 아니라 뭔가 재미 요소를 주는 질문도 생각해볼 수 있습니다. 〈1:100〉, 〈신서유기〉, 〈런닝맨〉 등 인기 프로그램의 비결 중 하나는 바로 '퀴즈'입니다. 꼬치꼬치 캐묻는 상황 파악 질문 말고 퀴즈처럼 묻고 또 물어보십시오.

"왜 다른 운동이 아닌 중량 운동만이 회원님에게 정답일까요?"
"왜 우리는 남들과 달리 식단에 집중하면 안 되는 걸까요?"
"일주일에 단 두 번의 운동으로 몸을 만든 사람은 일반적인 사람들과 무엇이 달랐을까요?"

이때 충분히 상상할 수 있는 시간을 주는 것이 중요합니다. 스스로 답을 찾아내는 과정에서 회원은 이유와 명분을 알아서 상상하고 찾습니다. 그렇게 본인의 입맛에 맞춰 이유와 명분을 찾았기 때문일까요? 트레이너가 설득한 것보다 훨씬 적극적이고 능동적으로 임하게 됩니다.

회원이 원하는 답은 이미 나와 있습니다. '이렇게 하고 싶다.' 그런데 결정을 내리기에는 아직 해야만 하는 이유와 명분이 부족한 것입니다. 그래서 어떻게 묻고 또 묻는지가 중요합니다. 이미 듣고 싶은 답은 정해져 있는데 취조하듯 물어보면 계속 빙빙 도는 대화만 오고갑니다. 억대 연봉의 성공한 트레이너를 꿈꾸는 선생님들, 이제 더 이상 호구조사 하듯 묻지 마세요. 상상하고 생각하는 재미 요소를 담아 질문을 하세요.

사람은 누구나 자신의 생각을 확인받고 싶어 합니다. 특히 남자들은 이 부분을 더 공감할 것입니다. 한 번쯤은 받아보았고 지금도 받고 있을지 모를 여자친구의 질문.

"오빠는 나의 어디가 좋아?"
"오빠, 나 사랑해?"

여자친구의 이 질문에 여러분은 그동안 어떻게 대답해왔나요? 이 확인받고 싶어 하는 심리를 이용한 효과적인 질문의 언어를 하나 소개해드리겠습니다. 미완의 질문 중 상상형의 언어를 사용하는 것입니다.

"내가 OOO이를 얼마나 좋아하는지 할 수만 있다면 속을 열어서 보여주고 싶다. 뭐라고 이야기해야 OOO이가 사랑받는다고 느낄까? OOO이는 오빠에게 무슨 소리 듣고 싶어?"

이것이 확인받고 싶어 하는 심리를 채워주는 방법입니다.

회원에게도 도움이 되고, 운동 강사에게도 도움이 되는 상담. 그것은 우리가 묻고 또 묻는 것입니다. 하나부터 열까지 아주 친절하게 설명해주더라도 회원은 야속하게도 나를 떠납니다. 회원과 트레이너 서로에게 도움이 되는 심리학, 대화법을 연구하며 발견하게 된 사실은 질문 자체가 대답이 된다는 것이었습니다. 설명을 하지 않고, 어떻게 회원이 원하는 것을 채워줄 수 있을까요? 그것은 바로 이 한마디의 힘이었습니다.

"이게 맞나요?"

앞서 말씀드린 사람의 심리, '사람은 자신의 생각을 확인받고 싶어 한다.' 이 말을 염두에 두고 회원의 입장에서 다음과 같이 질문을 해보십시오.

"당신의 고민이 이게 맞나요?"
"원하고 찾아다닌 게 이게 맞나요?"
"저에게 이러이러한 도움을 받고 싶다. 이게 맞나요?"

이렇게 확인을 요청하는 질문, 이 질문에 담겨 있는 의미는 두 가지입니다. 하나는 '나는 당신의 이야기를 제대로 들었다.' 즉, 공감의 요소로 작용하는 의미입니다. 그리고 다른 하나는 '나는 그다음을 알고 있다.' 즉, 상상하게 만드는 재미 요소를 담고 있는 것입니다.

지금부터 두 가지 예시를 들어보겠습니다. 예시 중 어느 것이 끌리는 트레이너의 언어일지 한번 맞춰보기 바랍니다.

다음은 인바디 측정 후 상담하는 상황입니다.

트레이너 회원님, 근육량이 너무 적으시네요.

회원 맞아요. 제가 체력이 많이 약해요.

트레이너 근육량이 적으면 기초대사량이 떨어지기 때문에 근력 운동이 정말 필요하십니다.

회원 네, 운동해야죠.

트레이너 이번에 여름 대비 이벤트도 진행하는데 PT 한번 받아보시죠.

회원 음, 생각해보고 필요하면 말씀드릴게요.

자, 이번에는 같은 상황의 다른 예시입니다. 앞의 예시와 비교해서 보세요.

트레이너 회원님, 근육량이 너무 적으시네요.

회원 맞아요. 제가 체력이 많이 약해요.

트레이너 아, 그럼 근육을 만들어 체력을 높이는 것. 이것이 원하시는 게 맞나요?

회원 네, 다른 운동보단 헬스가 기구도 있으니 근육 만들기에 좋다고 하더라고요.

트레이너 맞아요. 종류가 많다 보니 그 효과도 천차만별인데요, 어떤 걸 찾으시나요?

회원 운동 시간이 많지 않아서 빨리할 수 있는 걸 찾는데 어떤 게 있을까요?

트레이너 짧은 시간에 근육을 만들면서 체력도 좋아지는 방법에 대한 도움을 받고 싶다. 이것이 맞나요?

회원 네, 맞아요. 그런 게 있을까요?

트레이너 네! 말씀하신 방법과 그것을 빠르게 도와주는 기구의 활용법을 소개해드리는 프로그램이 있기는 합니다. 오늘 한번 제대로 알아보시겠어요?

억대 연봉을 받는 트레이너는 어떻게 상담할까요? 첫 번째? 두 번째? 상담의 오프닝뿐만 아니라 거절을 하고 돌아서는 사람들에게도 묻고 또 물어야 합니다. 이때에도 사람들을 벽으로 점점 몰아세우며 압박하는 질문이 아닌 재미 요소를 주는 질문을 해야 합니다. 질문 하나만 잘 던져도 회원의 마음은 돌아서게 됩니다.

'결정권이 나에게 없어서.'

'가격 때문에 생각할 시간이 필요해서.'

'여기가 처음으로 상담받은 곳이라서.'

거절을 이야기할 때에는 이렇게 뻔한 이유를 대며 돌아가려 합니다. 그리고 그렇게 가버린 사람은 다시 돌아오지 않습니다.

"당연히 상의해보고 결정하셔야죠. 그리고 혹시 이거 아시나요? 어떤 분들은 일부러 상의하지 않고 몰래 결정하는 분들도 있다고 하는데, 회원님은 그 이유가 뭐라고 생각하세요?"

취조하고 압박하는 언어가 아닌 이렇게 상상 요소가 담긴 미완의 질문으로 묻는다면 군이 설득하려 하지 않아도 스스로 납득할 만한 답을 찾아내게 됩니다. 이것이 우리가 설명의 욕구를 내려놓고 묻고 또 물어야 하는 이유입니다.

웃으며
자신감 있는 태도를 가져라

LESSON 6

◆ 저는 트레이너들에게 상담할 때 의도적으로 웃으라고 합니다. 특히 회원의 문제를 직설적으로 말해야 하는 상황과 내 자랑을 해야 하는 상황에서는 더 크게 웃으라고 강조합니다.

50분 안에 상담과 체험 그리고 클로징까지 이어가야 하는 현장의 조건에서 상담은 빠르고 효율적으로 진행되어야만 합니다. 그래서 비수처럼 정곡을 찌르는 질문들과 때로는 낯 뜨거울 정도의 자기 자랑을 이야기해야 합니다. 그래야 문제의 심각성을 공감하여 PT 계약을 할 테니 말이죠. 문제는 여기서 발생합니다. 이런 이야기를 하면서 단 한 번도 웃지 않으면 분위기가 어색해지고 꽁꽁 얼어붙고 맙니다.

회원의 가슴에 비수를 꽂되 분위기는 차가워지지 않도록 '하하하!' 웃으며 분위기로 말을 덮어버려야 합니다. 회원의 입장에서 보면 말로는 심각한 문제를 이야기하는데 '하하하' 소리를 내며 크게 웃는 모습이 '비장의

한 수'를 숨기고 있는 해결사처럼 보일 수 있습니다. 이렇게 웃기만 해도 그동안 '회원의 기분이 상하면 어떡하지?'라고 생각해 빙빙 돌아가며 결론 짓지 못하고 다음을 기약했던 상황에서 벗어날 수 있습니다.

웃음에 더해 하나 더 강조하고 싶은 것은 제스처와 태도입니다. 첫 만남에서 회원보다 먼저 자리에 앉아서는 안 됩니다. **제스처는 자신감을 표현하는 몸의 언어입니다.** 상담을 진행하는 이 시간, 시나리오를 끌고 가는 주인공은 바로 여러분, 트레이너가 되어야 합니다. 그러니 항상 나중에 등장하는 주인공처럼 회원보다 먼저 앉고 서둘러 행동하는 모습을 보여서는 안 됩니다.

또한 질문을 할 때 조바심을 갖지 않고 적어도 10초 정도는 아무 말 없이 기다리는 태도도 갖추어야 합니다. 그렇게 느긋하게 기다리는 시간이 '지금 흘러가는 이 시간의 낭비를 충분히 채울 만큼의 방법이 있음'을 보여주는 분위기를 만들기 때문입니다. 이때 말의 속도도 천천히 하며 전문가 분위기를 더욱더 단단하게 만들어야 합니다.

회원은 하나만 보지 않습니다. 한순간에 여러분의 모든 것을 스캔하고 판단합니다. 그런데 여러분이 설명의 욕구에 빠져 혼자서 막 떠들면 회원이 스캔하는 시간만 길어집니다. 그 시간을 뺏어 와야 합니다. 여러분을 오디션장에 올려 회원의 평가를 기다리는 것이 아니라 회원을 무대에 올려야 합니다. 스캔은 회원이 하는 게 아니라 여러분이 해야 하는 것입니다. 절대 그 자리를 뺏기지 마십시오.

헬스트레이너는 회원들에게 구걸하는 사람이 되어서는 안 됩니다. 절대 매달리지 마십시오. 매출이 막 떨어지고 있어도 그 걱정을 드러내지 마십시오. 지금 눈앞에서 한 사람이 떠나가더라도 흔들리지 마십시오. 단, 이 책에서 설명한 끌리는 트레이너의 상담법과 대화법만 잘 흡수했다면 걱정할 필요 없습니다. 여러분의 전문가 포지션이 뇌리에 박힌 회원은 다른 어떤 곳에서도 그 비범함을 찾지 못해 분명 다시 찾아오게 되어 있습니다. 왜? 다른 곳에 가보면 누구나 말하는 뻔한 설명만 늘어놓기에 나만큼 전문가로 느껴지는 사람을 쉽게 찾을 수 없으니까요.

초보 트레이너라 하더라도 '하하하!' 크게 웃으며 당당하게 질문하고 매너 있게 대화를 이끌어가면 됩니다. 그렇게 빙빙 돌리지 않고 핵심을 질문하면 회원은 자세를 바로잡고 자기 생각, 자기 고민을 알아서 이야기할 것입니다. 어려운 내용을 어떻게 쉽게 설명할지 걱정하지 않아도 됩니다. 질문이 회원이 듣고 싶은 가장 정확한 답이 될 테니까요.

회원 앞에 앉아 있는 여러분의 모습을 당당하고 자신감 가득한 리더로 보이게 만드십시오. 사실 이것이 끌리는 트레이너에게만 해당하겠습니까? 세상 모든 프로페셔널들의 자세일 것입니다. '하하하!' 웃으며 여유를 가지십시오. 겨우 웃는 것 하나면 됩니다. 자신감을 가지십시오. 당장 내일부터 여러분도 충분히 할 수 있습니다.

이제 본격적인 수업을 해야 할 때입니다.
의욕이 넘쳐 이것도 설명하고, 저것도 설명하고 알려주기에 참 바쁘겠지만
이렇게 설명만 하다가는 그다음 단계로 갈 수 없습니다.
재구매, 재계약이 이루어지지 않습니다.
티칭은 현장에서 회원을 성장시키고
나의 영향력을 체감하는 데 초점을 맞추어야 합니다.
초보 트레이너라 해도 그 영향력이
제대로 전달된다면 회원은 그 트레이너에게 끌리게 됩니다.
티칭은 기술이 아니라 분위기입니다.
회원을 다음 단계로 이끌 리더십이 먼저입니다.
지금부터 현장에서 바로 써 먹을
티칭 노하우를 흡수하시기 바랍니다.

PART 6

회원들에게
어떻게
티칭해야
할까?

동기화 모델로
티칭을 하라

LESSON 1

◆ 일반적인 서비스업에서는 보통 고객과의 포지션에서 강력한 알파의 포지션이 되기보다는 마치 심부름꾼과 같은 을의 포지션이 되기 마련입니다. 하지만 트레이너라는 직업은 '을'의 포지션이 되면 다음으로 나아갈 수 없습니다.

미용실이나 네일아트숍, 병원의 물리치료센터에서 고객이나 환자에게 "이거 하세요.", "그러면 안 됩니다."라고 명령하고 지시 내리는 상황을 상상할 수 있나요? 반면 트레이닝 현장에서는 회원에게 운동을 지시하고 날카로운 지적을 해야 하는 것이 너무도 당연합니다. 바로 이 점 때문에 트레이너의 티칭은 선생님이 학생들에게 가르쳐주는 티칭과는 달라야 합니다.

오로지 운동 기술과 방법에만 집중하여 '알려주는 것'에만 몰두하면 안 됩니다. 그렇게 하면 알아서 준비해주고 알려주는 심부름꾼의 포지션이 되기 때문에 NEXT, 그다음이 없습니다.

트레이너의 티칭은 지시 내리기를 통해 정확한 운동 정보를 알려주어 회원을 성장시키면서도 바로 이것을 신경 써야 합니다. '회원이 나의 영향력을 체감하는 것.' 이것을 말이죠. 마치 아이폰의 소프트웨어가 업그레이드되더라도 동기화 버튼을 누르기 전까지는 어떠한 변화도 일어나지 않는 것처럼 PT도 동기화 모델로 티칭하며 트레이너의 영향력을 체감시켜주어야 합니다.

예를 들어 회원의 운동 중량이 변했다고 가정해볼까요? 회원의 신체 능력이 업그레이드되면 끌리는 트레이너는 그 타이밍을 놓치지 않고 회원에게 이렇게 말하며 동기화시켜버립니다.

"혹시 전과 달라진 운동 능력이 가져다준 또 다른 변화가 무엇인지 아시나요?"

새로운 소프트웨어에 맞는 새로운 사용법이 있듯 달라진 몸에 맞게 재조정되고 성장한 프로그램을 제시할 기회를 만들며 방향을 가리키는 선장의 면모를 보여줍니다.

PT를 받고 있는 회원에게 "스쿼트가 어렵나요?"라고 물으면 의외로 많은 사람들이 어렵다고 이야기합니다. 잘 모르는 사람들은 그냥 앉았다 일어나는 동작이 뭐가 어렵느냐고 이야기할 수 있는데, 오히려 레슨을 받는 사람들이 더 어렵다고 이야기하는 이유는 무엇일까요? 조사를 해보니 운동 강사들의 티칭 언어에 그 이유가 있었습니다.

예를 들어 레슨에서 스쿼트 동작을 하는데 트레이너가 이렇게 티칭을 합니다.

"회원님, 무릎이 몰리지 않게 벌려주시고, 허리는 너무 꺾이지 않게! 회원님, 턱! 턱을 너무 들지 마세요."

정확하고 세심하게 알려준다고 한 티칭이 오히려 더 알쏭달쏭하게 만들어버리는 것입니다. 만약 운동 동작을 하는 동시에 이렇게 많은 포인트를 하나하나 잊지 않고 모두 다 기억하려면 뇌가 네 개는 있어야 하지 않을까요?

몸을 쓰는 방법을 알려주는 트레이너는 말뿐만 아니라 몸으로도 티칭을 할 수 있어야 합니다. 심부름꾼 같은 선생님이 아니라 선장님 같은 확실한 전문가 포지션으로 끌리게 만들기 위해서는 근육의 터치가 필요합니다.

만약 미용실에서 헤어디자이너가 여러분의 볼록한 어깨를 터치하며 "어깨 근육이 정말 멋있어요!"라고 이야기한다면 그 분위기가 어떨까요? 맞습니다. 굉장히 어색한 상황이 연출됩니다. 반면 몸을 만들어주는 트레이너의 현장에서는 어떤가요? "어깨 뒤쪽에 자극이 느껴지나요?"라고 말하면 근육의 터치가 자연스럽습니다. 이 어깨를 두드리는 가벼운 터치가 트레이너를 '갑'의 포지션으로 만들어줍니다. 을은 갑의 어깨를 두드릴 수 없지만, 갑은 을의 어깨를 두드릴 수 있기 때문이죠. 그래서 끌리는 트레이너는 이 어깨를 두드리는 가벼운 터치로 '갑'의 포지션을 만드는 몸의 언어도 사용하여 티칭해야 합니다.

"회원님, 오늘은 무릎이 몰리지 않게만 벌려주세요. 나머지 부분은 제가 잡아드리며 도와 드릴 테니 신경 쓰지 마시고요. 대신 무릎만큼은 집중해서 컨트롤하셔야 합니다."

이렇게 언어로는 무릎을 집중적으로 이야기해주고 나머지는 근육의 터치로 이해시키면 됩니다. 그러면 선장과 같은 리더십도 어필이 될 뿐 아니라 수업이 끝나고 집에 돌아가는 회원에게 '오늘 이거 하나는 제대로 알고 돌아가네.'라는 티칭에 대한 확신을 줄 수 있습니다. 레슨에서 이런 작은 만족감을 주어야 합니다. 작은 만족이 자꾸 쌓여야 회원은 욕심을 갖고 더 높은 목표를 다짐하게 됩니다. 이렇게 티칭에서 트레이너의 영향력을 매번 체감시켜주고 작은 만족감을 채워주어야 재계약과 NEXT, 다음을 만들 수 있습니다.

이렇듯 반복된 동기화로 트레이너의 영향력을 체감하고 작은 만족들이 쌓여 욕심이 생긴 회원. 그 회원은 이제 끌리는 트레이너를 떠날 수 없습니다. 떠나는 순간 이가 썩을 정도로 달콤했던 작은 만족들이 사라질 테니까요. 그래서인지 동기화 모델로 티칭을 받은 회원은 스스로 더 높은 목표를 꿈꾸고 누가 등 떠밀지 않아도 알아서 다시금 PT 계약을 요청합니다. **챗바퀴처럼 돌아가는 지루한 하루하루와 앞이 보이지 않는 깜깜한 미래에서 유일한 만족을 가져왔던 PT 레슨과 운동, 그것에 중독되어버렸기 때문이죠.**

만약 우리가 동기화 모델로 티칭하지 않고 전처럼 정확한 운동 정보를 알려주는 것에만 초점을 맞춘다면 어떻게 될까요?

틀린 것을 바로잡고 문제를 고쳐주는 티칭. 첫 결제에서 문제로 지적했던 부분이 여전히 문제로 남아 있거나 새로운 문제를 찾아주어야 재등록을 이끌어낼 수 있습니다. 그러면 회원에게 끌려다닐 수밖에 없습니다. 왜냐하면 처음 약속했던 문제가 여전히 해결되지 않았다는 평가가 되기 때문이죠.

새로운 문제를 찾아주는 것은 괜찮지 않느냐고요? 아마 회원은 이렇게 생각할 것입니다.

'그럼 처음부터 그 문제도 알려주고 함께 해결해줘야 했던 거 아냐?'

아마 트레이너 경력이 1년 이상 된 분들은 잘 알고 있을 것입니다. 오직 운동법, 이거 하나 때문에 회원들이 재등록을 결정하지 않는다는 사실을 말입니다. 만약 재등록의 결과가 오로지 운동법 하나에만 달려 있다면 6개월, 1년, 심지어 3년까지도 꾸준히 PT 레슨을 받는 회원들은 왜 그런 걸까요?

다치지 않고 건강을 유지하는 운동법을 익히는 데에는 3개월 정도면 충분하다고 볼 수 있습니다. 그럼에도 불구하고 회원들이 계속 PT를 받는 것은 방법과 기술의 가치를 뛰어넘는 트레이너의 리더십 때문 아닐까요? 목표에 대한 끊임없는 동기부여를 만들어주고 믿고 따라가고 싶게 만드는 든든한 리더십 말입니다.

간혹 운동이 전부라고 생각하는 트레이너들이 있습니다. 사실 운동법을 파는 트레이너들 때문에 트레이너 직업에 대한 인식이 안 좋아지기도 합니다. 그들은 PT 프로그램을 오로지 운동에만 집중하여 이득을 제시하기 때문에 회원들이 PT를 '운동을 배우는 것'으로 인식하게 만들어버립니다. 배우는 것에만 초점을 맞춘다면 유튜브나 클래스 101, 어플리케이션과 비교해서 'PT는 너무 비싸다, 그 정도 가치는 없는데'라고 생각하는 것이 당연합니다.

저는 이 책을 통해 PT를 바라보는 그 인식을 싹 바꿔놓고 싶습니다. 사실 한번 고착된 부정적 이미지는 깨기가 쉽지 않습니다. 그렇다고 방치하는 것도 더 문제입니다.

우선 이 책이 시작입니다. 이 책을 통해 트레이너들이 운동 강사라는 우물에서 벗어나 한 사람의 인생을 컨설팅해주는 컨설턴트로서 눈을 뜨는 첫걸음을 내딛게 만들어주고 싶습니다. 회원들이 트레이너를 남다른 전문가로 인식하고 그런 믿음으로 따라오게 만들고 싶습니다. 트레이너들도 그런 컨설턴트로서의 자부심을 가지고 당당하게 티칭을 했으면 합니다. 우리는 기술을 알려주는 강사가 아닌 한 사람의 인생을 변화시켜주는 선장으로서 당당한 자세를 가질 필요가 있습니다.

확실한 기준을
제시하라

◆ 트레이너가 고객에게 전문가적인 느낌을 주기 위해서는 '지금 당장 무엇을 해야 하는지, 진행률은 어느 정도 도달했는지' 확실한 기준을 제시해 주어야 합니다. 그런데 트레이닝 현장에서 공부를 하다 보면 운동이란 게 참 신기하게도 코에 걸면 코걸이, 귀에 걸면 귀걸이라는 사실을 알게 됩니다. 이건 이럴 수 있고, 저건 저럴 수 있는 다양한 해석이 가능한 것이 운동이기 때문입니다. 그래서 트레이너들 사이에서는 흔히 "운동에는 정답이 없다."는 말을 합니다. 하지만 회원에게 돈을 받으며 직업으로 일하는 트레이너는 이렇게 생각하면 안 됩니다.

운동에 정답이 없다는 말에 대해서는 저도 동의합니다. 하지만 이것을 말 그대로 받아들인다면 그 정답도 없는 운동에 회원들이 150만 원, 200만 원의 비싼 돈을 내는 게 맞는 걸까요? 이 질문에 대답할 수 있는 확고한 '자기 철학'이 있어야 합니다. 운동 동작이나 회원의 상태를 내가 세운 기준에 맞추어 해석한 해답은 갖고 있어야 합니다. 정답은 아니지만 풀어 나갈 수 있는 해답 정도는 가지고 있어야 하는 것입니다.

수학으로 따지면 문제를 풀 때 '무조건 이렇게 풀어야 한다.'는 정답은 없습니다. 하지만 친구에게 "이건 이렇게 푸는 게 효과적이야."라고 알려 줄 수 있는 자기만의 해법은 있어야 하지 않을까요? **나만의 해법으로 회원들에게 "이렇게 하는 건 맞고 저렇게 하는 건 틀리다."는 확답을 주어야 합니다.** 그런 확답을 주지 못한다면 회원들이 이렇게 말하는 것은 당연합니다.

"비싸요, 생각해볼게요. 나중에 준비되면 할게요."

'이게 맞는 건가? 내가 제대로 하고 있는 건가?' 갈팡질팡하고 있을 때 확신을 주지 못하고 애매하게 이야기하는 트레이너를 회원이 신뢰할 수 있을까요?

반대로 회원이 이렇게 이야기할지도 모릅니다.

"제가 과연 할 수 있을까요?"

신뢰를 느끼지 못하고 이렇게 이야기하는 건 트레이너에게 확답을 듣고자 하는 것입니다. 만약 이때 "회원님이 잘만 따라오신다면 가능합니다."라고 말한다면 십중팔구 회원들은 거절 패턴인 "좀 더 생각해보고 올게요."라고 말하며 돌아갑니다. 반드시 자신만의 운동 기준으로 해석한 해답을 가지고 있어야 합니다.

저는 코칭을 받는 수강생들에게 '기준'이라는 말을 의도적으로 사용하라고 이야기합니다. 기준이라는 것은 앞에서 이야기한 확고한 자기 철학에서 나오기 때문이죠. 이는 흔들리지 않는 방향성을 나타냅니다. 회원들은 이 '기준'이라는 카리스마 넘치는 단어에서 선장과 같은 확실한 전문성을 느낍니다.

많은 트레이너들이 자기 발전을 위해 끊임없이 교육을 받습니다. 회원들에게 더 좋은 운동, 더 효과적인 티칭법을 배우기 위해서 말입니다. 그렇다면 회원들이 '원하는' 티칭 방법은 무엇일까요? 억대 연봉의 끌리는 트레이너들은 바로 여기서부터 남들과 다릅니다. 그들은 기술이나 방법의 전수보다 회원의 참여를 부르는 방법으로 티칭을 합니다. 각기 다른 성향의 사람에게 천편일률적인 방법을 제시하지 않고, 회원이 스스로 선택하게 만들어 참여하고 개입하도록 티칭을 합니다.

사실 PT 레슨에서 성공적인 결과를 만들어내려면 트레이너 능력만으로는 어렵습니다. 왜냐하면 트레이너의 지시와 제안을 회원이 잘 따르지 않는다면 오히려 PT를 받기 전보다 더 안 좋은 결과가 나올 수도 있기 때문입니다. 올바른 방향을 제시하는 트레이너의 능력보다 중요한 것이 바로 회원의 참여 능력입니다. 트레이너가 계획한 운동 프로그램에 얼마나 높은 집중력으로 참여하느냐, 그리고 얼마나 절제된 식단을 유지하며 PT

프로그램에 열정적으로 참여하느냐가 중요합니다. 트레이너와 회원의 두 능력이 만나 신뢰가 쌓여야 성공적인 결과를 만들 수 있습니다.

회원들에게 맞춤으로 티칭 하는 억대 연봉의 트레이너들이 일관성 없이 마구잡이로 운동을 알려주는 것은 아닙니다. 경험이 많은 그들은 '확실한 기준'을 제시하고 티칭을 시작합니다. 제대로 하고 있는지 확인받고 싶어 하는 회원들에게 확실한 기준으로 안심시켜주는 동시에 신뢰까지 얻어냅니다. 그런데 여러분은 어떻게 하고 있나요? 혹시 이렇게 하고 있지는 않나요?

"이럴 땐 이럴 수 있어서 이렇게 하는 것이 효과적이고요, 저럴 땐 이 부분이 달라서 이런 방법이 더 좋습니다. 그래서 일단 앞으로의 상황을 보면서 더 나은 방향을 찾아야 할 것 같아요."

만약 이런 답변을 듣는다면 회원의 입장에서 오늘 당장 무엇을 해야 하는 게 맞는 걸까요? 트레이너가 말한 '앞으로의 상황'을 마냥 기다리기만 해야 하는 걸까요? 오히려 무엇을 해야 하는지 더 답답해진 상황입니다. 이런 PT 레슨에서 회원의 참여도가 점점 떨어지고 마음이 멀어지는 것은 당연합니다.

제가 억대 연봉의 트레이너들을 인터뷰하며 느낀 것은 '자신만의 철학이 있다.'는 것이었습니다. 저마다 다른 수많은 방식의 운동들……. 모두 다르지만 각각의 운동 효과는 분명 있습니다. 그렇다고 회원에게 다다익선이 좋다고 이야기해서는 안 됩니다. 하나로 압축되지 않고 어지럽게 널브러진 방식을 보고 회원은 명확한 그림을 그릴 수 없기 때문입니다.

끌리는 트레이너는 분명한 해답을 주어야 합니다. 나만의 철학에 맞게 해석한 해답을 말이죠. 제 경우 '머릿속 코어 근육까지 키워주는 코어 운동 전문가'로 철학을 정하고 모든 평가의 기준을 '척추의 모양'에서 찾았습니다. 그리고 그것을 제 회원들에게만큼은 절대 불변의 기준이라고 말하며 확실히 못을 박아두었죠. 그래서였는지 회원들이 레슨 시간에 굉장히 능동적인 모습을 보여주었습니다. 그 이유인즉슨 절대 불변의 확실한 기준을 정해주니 동작을 하면서 거울로 무엇을 보아야 하는지 명확히 알며 자기 확신이 들게 되고, 그에 따라 불안감이 줄어들었기 때문입니다. 운동을 하면서 기준으로 못 박아둔 척추의 모양만 확인하면 '내가 지금 제대로 하고 있구나.', '아, 이렇게 하라는 거였구나.' 하며 이해가 되고 자신감도 생기게 되는 것이죠.

저는 이렇게 참여를 이끌어내는 티칭 덕분에 방향만 가리켜주면 회원들이 알아서 스스로 실천하는 행동력을 만들 수 있었고, Before & After라 불리는 PT의 성공적인 결과도 자연스럽게 뒤따라오게 되었습니다.

감각적 티칭과
참여 티칭

◆ 티칭을 할 때에는 트레이너가 알아서 설명해주며 상상의 기회를 뺏으면 안 됩니다. 예를 들어 스쿼트를 하는데 엉덩이에는 자극이 느껴지지 않고 허벅지만 아프다는 회원이 있다면 구체적으로 일일이 다 설명해줄 것이 아니라 "만약 이렇게 변하면 어떨 것 같아요?"라고 하면서 상상하게 만들고 기대감을 품도록 해야 합니다. 그 질문으로 인해 회원은 초롱초롱한 눈빛을 빛내며 트레이너를 따르게 됩니다.

최면술사들도 상대방에게 최면을 걸 때 먼저 질문을 함으로써 더욱더 효과적인 최면 효과를 얻어낸다고 합니다.

"여러분, 여기 제 손에 레몬이 있습니다. 하지만 여러분은 절대 제 손에 레몬이 있다고 상상해서는 안 됩니다. 아셨죠? 보통 레몬은 무슨 색이죠? 노란색이죠? 하지만 여러분은 절대로 노란색 레몬을 상상해서는 안 돼요. 지금부턴 이 레몬을 까서 먹을 건데요, 과연 무슨 맛일까요?"

여기까지 들었을 때 관객들은 입에서 나오는 침을 주체하지 못하고 침을 꿀꺽하고 삼킨다고 합니다. 그럼 만약 이런 형태의 질문을 하지 않는다면 어떻게 될까요? 최면술사가 이렇게 말하는 것입니다.

"여기 제 손에 레몬이 있습니다. 노란 레몬이 말이죠. 지금부터 새콤한 맛이 나는 이 레몬을 먹어보겠습니다."

이렇게 미리 설명하고 알려주면 아마 어떠한 상상도 안 했기 때문에 침이 안 나올 것입니다.

티칭은 오감을 자극하는 형태로 해야 합니다. 회원들이 상상하게 만들어서 빨리 몸을 움직이고 싶어 근질근질하게끔 해야 합니다. **트레이너가 알아서 설명해주고 일일이 알려주면 회원의 몸에서는 그 어떤 화학적 반응도 일어나지 않습니다.** 오감을 자극해야 '아, 이런 느낌을 받으니 PT 받는 사람의 몸이 달라지는구나.'라는 지점이 생깁니다.

저는 수강생들에게 오감을 자극하는 감각적 티칭을 현장에서 효과적으로 적용하기 위해 회원들을 레슨에 적극적으로 참여시키라고 강조합니다. 예를 들면 다음과 같습니다. 어깨 운동의 대표주자인 사이드 래터럴 레이즈를 분석해본다면, 이 동작은 두 개의 움직임으로 분해해볼 수 있습니다. 날개뼈의 움직임+위팔뼈의 움직임. 이 두 움직임을 어떻게 통제하느냐에 따라 고립이 달라지고, 주동근이 결정됩니다.

여러분은 어떤 방식으로 통제하나요? 흔히 말하는 숄더 패킹으로 날개뼈를 고정하고 위팔뼈의 움직임 위주로 동작을 하나요? 아니면 견갑 상완 리듬에 맞추어 날개뼈와 위팔뼈를 함께 동작에 포함시키나요? 만약 숄더 패킹에 집중하여 래터럴 레이즈를 한다면 어깨충돌증후군의 잠재적 위험을 가져오지만, 반대로 측면 삼각근의 집중도는 높아집니다. 반면 견갑 상완 리듬에 맞추게 되면 어깨충돌증후군의 위험은 줄어들지만, 측면 삼각근의 집중도가 떨어지죠. 이렇듯 운동은 상황과 목적에 따라 다양한 해석이 가능합니다. 그래서 앞서 이야기한 것처럼 '오직 이것만이 옳은 정답이다.'라고 이야기할 수 없는 것입니다.

종종 이런 트레이너들을 봅니다. 숄더 패킹을 통한 래터럴 레이즈로 측면 삼각근의 강한 자극을 설명하며 '봉긋한 어깨 모양을 만들기 위해서는 이것이 옳다.'고 강하게 밀어붙였는데 며칠이 지나 회원이 갑자기 어깨에 불편함이 생겼다고 이야기하면 트레이너가 다시금 자세를 수정합니다. "어깨의 찝힘이 생기면 그럴 수 있습니다. 그럴 땐 이 방법으로 하는 것이 효과적입니다."라고 말하며 날개뼈의 움직임까지 포함시킨 견갑 상완 리듬에 맞춘 래터럴 레이즈로 말이죠. 그랬더니 어깨가 다시 편해지기는 했는데 자극이 전처럼 느껴지지 않는다며 회원이 해결책을 원할 때 이런 설명을 듣는다면 어떨까요?

"이럴 땐 이렇게 될 수 있으니 이렇게 해야 하고, 저럴 땐 저렇게 될 수 있으니 저렇게 해야 합니다."

복잡하고 어렵다고 느낀 회원은 그냥 혼자 할 땐 래터럴 레이즈를 하지 말아야겠다고 결심합니다. 그래서인지 PT를 받는데도 불구하고 여전히 운동이 어렵다며 스스로 운동하려는 모습을 안 보이게 됩니다. PT를 받으면 운동과 가까워질 줄 알았는데 오히려 운동과 더 멀어지게 된 것입니다. 여기서의 문제는 회원을 적극적으로 참여시키는 질문과 감각적 티칭이 없었다는 것입니다. 트레이너가 알아서 설명해주었기 때문에 회원은 선택할 기회를 박탈당해 참여할 수 없게 된 것입니다.

'Personal Training'이라 불리는 트레이너의 레슨은 말 그대로 '개인 맞춤 운동'이 되어야 합니다. 전문 직종 중 '권위적'이라고 평가받는 의사들도 환자에게 약물 치료의 장단점, 수술의 장단점 등의 선택지를 주고 환자 스스로 치료 과정을 선택하도록 합니다. 회원이 만족하는 티칭으로 다양한 래터럴 레이즈 방법 중 스스로 선택할 수 있도록 적극적인 참여를 이끌어내야 합니다. 동작에 대한 스킬이 아닌 '자신만의 방식'을 만들어가도록 이끌어주어 성장하는 감각을 느끼게 해주어야 PT 레슨에 만족할 수 있습니다.

감각적 티칭과 참여 티칭이 레슨에 녹아든다면 시간이 갈수록 회원은 자신만의 운동법에 애착을 갖게 되고, 남의 것이 아닌 내 것이라는 소유욕이 생겨 재등록이라는 무한 루프의 고리가 만들어질 것입니다. 본전 심리가 발동하는 것이죠.

회원이 알아서 따르게 만들고 싶다면 운동의 스킬을 전달하기 전에 어떻게 하면 회원이 좀 더 적극적으로 참여하게 만들 수 있을지에 대한 고민이 우선순위가 되어야 합니다. 그래야 열심히 갈고닦은 내 운동 스킬이 의미를 찾을 수 있습니다. 회원이 줄 서는 끌리는 트레이너가 되고 싶다면 하루라도 빨리 선생님 같은 트레이너에서 벗어나 회원 스스로 선택하게 만들고, 적극적인 참여를 유도해 재미를 선물해주는 **선장으로서의 포지션을 잡으십시오.**

아이부터 어른까지,
구몬 선생님의 비밀

◆ "어떻게 했기에 회원들이 스스로 찾아왔나요?"

간판 트레이너로 자리 잡고 나서 가장 많이 들은 질문이었습니다. 제가 어떻게 했기에 회원들이 스스로 찾아와 저에게 자신의 이야기를 들려주었던 걸까요? 누군가에게 내 이야기를 들려주고 싶다면 먼저 그들이 듣고 싶어 하는 것을 보여주면 됩니다. 물론 질문의 언어를 사용해 상상하도록 해야 합니다.

지금도 피트니스 현장에서는 보다 좋은 PT 프로그램을 만들기 위해 끊임없이 노력합니다. 근무하는 센터에서 따로 시키지 않아도 트레이너 스스로 시간을 쪼개서 해부학 공부를 하고 주말에는 휴식 대신 교육을 찾아다니죠. 그것도 사비를 들여서 말입니다. 그러다 보면 그동안 쌓아 올린 레슨의 퀄리티에만 의존하게 되고, 내가 만들어낸 그 가치와 우수함을 알리는 데에만 집중하는 성향이 점점 강해지면서, '좋은 프로그램을 구성했으니 홍보와 안내만 잘하면 될 것이다.'라는 오해의 늪에 빠지게 됩니다.

제가 강의할 때 수강생들에게 자주 들려주는 이야기를 하나 소개해드리겠습니다. 페레로 로쉐라는 초콜릿을 좋아하는 다섯 살 남자아이에게 두 사람이 뺄셈을 알려주는 이야기입니다. 한 사람은 박사 학위에 수많은 논문까지 쓴 수학 교수이고, 다른 한 사람은 그 남자아이의 어머니였습니다. 먼저 수학 교수가 아이에게 수학을 가르쳐주었습니다.

"자, 오늘은 뺄셈에 대해 알려줄 거야. 다섯 개에서 세 개를 빼면 몇 개가 남지?"

"……."

이번에는 아이의 엄마가 이야기를 합니다.

"여기 철수가 좋아하는 초콜릿 한 봉지가 있어. 한 봉지에 초콜릿이 몇 개 들었지?"

"다섯 개요!"

"맞아. 그런데 엄마가 세 개를 먹었어. 그럼 이제 초콜릿이 몇 개 남았을까?"

제가 이 이야기를 통해 전달하고 싶은 메시지가 무엇인지 눈치 챘나요? 아이의 어머니에게는 있지만 수학 교수에게는 없는 것이 있습니다. 바로 '공감'입니다. 아이의 관심사를 살펴보고, 욕구를 건드리고, 기대를 이 끌어내는 어머니의 화법. 초콜릿을 좋아하는 아이의 입장에서 눈앞에 초콜릿이 보이니 먹고 싶고, 어머니의 질문에 대답을 잘하면 맛있는 초콜릿을 줄 것 같은 기대감. 이것이 집중을 이끌어내고 '참여'하게 만든 것입니다. 티칭은 스스로 참여하게 만들어야 그 가치를 인정받을 수 있습니다.

건강한 운동을 바라는 회원은 자기가 공감할 수 있는 프로그램을 자기가 하고 싶은 스타일로 관리받길 원합니다. 예쁘게 구색을 갖춘 완성도 있는 아트를 원하지 않습니다. 내가 아무리 공을 들여 준비하고 친절하게 설명하고 보여주어도 회원의 입장에서 '나의 이야기'로 공감되지 않는다면 그것은 그냥 보기에만 좋은 아트일 뿐입니다.

100만 원이 훌쩍 넘는 돈을 써야 하는데 단순히 예쁘다는 이유 하나만으로 만족할까요? 회원들은 체계적이고 근거가 있다는 이유만으로 PT 계약을 하지 않습니다. 오히려 주먹구구식이더라도 마치 '내 이야기' 같다면 묻고 따지지도 않고 시원하게 그 자리에서 PT를 결정합니다. 왜냐하면 **회원들은 PT를 '운동을 배운다'보다 '운동을 시켜준다'라는 시각으로 바라보기 때문입니다.** 그래서 아트를 만들려고 하는 트레이너는 회원들에게 이런 거절을 들을 수밖에 없습니다.

"선생님, 감사합니다. 일단 알려주신 것을 하면서 준비가 되면 선생님께 꼭 PT

를 받을게요."

과거 유독 정이 갔던 어느 트레이너 선생님이 어느 날 제게 하소연을
한 적이 있었습니다.

"딱 한 번만이라도 나에게 PT를 받는다면 분명 3개월 안에 몸을 만들 수
있을 텐데, 왜 다음으로 미루는 걸까요?"
"회원들은 왜 다음으로 미룬다고 하던가요?"
"일단 스스로 먼저 해보고 필요하면 연락을 주겠다고 하네요."

과연 그 회원들이 정말 스스로 해보고 나중에 PT 계약을 할 생각인 것
일까요? 여러분은 어떻게 생각하나요?

이 상담은 트레이너도, 회원도 모두 손해였습니다. 아마 회원들은 '3개
월'이라는 단어에 공감하지 못했을 것입니다. 눈앞에 그려지지도 않고,
그렇다고 피부에 와 닿는 것도 아니고, 귀에 들리지도 않았을 테니까요.
그럼 어떻게 했어야 할까요? 수학을 알려주던 아이의 어머니처럼 회원의
관심사는 무엇인지, 기대하는 건 또 무엇인지 알아야 했습니다. 회원이
본인의 고민을 정말 솔직하게 이야기한 것이 맞는지, 그렇다면 어떤 방식
으로 해결하고 싶은지, 또 그 이유는 무엇인지 등 '회원 자체'에 대해 이야
기를 나눴다면 그다음은 정말 쉬웠을 것입니다.

"3개월이 지나 주변에서 대단하다는 소리까지 들을 정도로 몸이 변한다면 ○○님은 부모님에게 무엇부터 해주시겠어요?"
"만약 이번에 제대로 몸을 만든다면 친구들이 ○○님에게 뭐라고 이야기했으면 좋겠어요?"

　회원들이 자신의 이야기를 솔직하게 하도록 만든다면 도움을 주고 싶었던 트레이너는 도움을 주게 되고, 원하는 도움을 받고 싶었던 회원들은 확실한 도움을 받아 서로 윈윈하는 상황이 됩니다. 앞으로는 나의 경력과 강점을 어필하기보다 회원을 수다쟁이로 만들어 '보고 싶어 하는 것'을 빠르게 캐치하는 방향으로 돌려보세요. 그러면 여러분이 그동안 듣고 싶었던 말을 회원들의 입에서 듣게 될 것입니다. "저, 선생님에게 PT 받으려면 어떻게 해야 해요?"라고 말이죠.

가장 이상적인 티칭,
작게 만들어서 집중하게 만들기

LESSON 5

◆ 보고 싶어 하는 것을 보여주는 사람이 되고, 선장과 같은 리더십을 만들었다면 이제 회원이 스스로 알아서 찾아오는 일만 남았습니다. 자신의 고민을 해결해줄 확실한 조력자를 찾는 회원과 확실한 도움을 줄 수 있는 트레이너의 만남. 이것이야말로 서로 윈윈하는 바람직한 상황 아닐까요? 이런 이상적인 상황을 만드는 비밀을 지금부터 이야기하고자 합니다.

사람들이 끌리는 브랜드, 그래서 잘 팔리는 브랜드의 공통점은 무엇일까요? 확실히 동기부여가 된 회원이 스스로 찾아오게 만드는 그 힘 말입니다. 그것만 알면 누구나 회원들이 줄을 서게 만들 수 있습니다.

지금까지 수업 시간을 쪼개고 잠을 줄여서 포스팅한 블로그. 하루 한 번 빼먹지 않고 올리는 인스타그램 피드. 아무리 예쁘게 꾸미고 오랫동안 공을 들여도, 심지어 돈을 투자하여도 만족스러운 결과가 없었던 게 현실이었을 것입니다. 끌리는 브랜드, 그 핵심을 모르면 이렇게 후회만 남는다는 사실을 알아야 합니다. 다음 이야기를 읽어보면 끌리는 브랜드를 만드는 핵심요소가 무엇인지 찾을 수 있을 것입니다.

날이 더워지고 집에 바퀴벌레가 한두 마리 보이기 시작합니다. 아이고, 이러다 바퀴벌레 소굴이 될 듯합니다. 서둘러 바퀴벌레 잡는 약을 사러 마트에 갔는데 두 제품이 눈에 띕니다. 가격은 동일한데 A제품은 '바퀴벌레, 진드기, 개미 등 세상의 모든 벌레를 잡아준다.'는 문구가 쓰여 있고, B제품은 '다른 건 몰라도 바퀴벌레만은 확실하게! 남김없이 잡아준다.'는 문구가 쓰여 있습니다. 만약에 여러분이라면 A와 B 중 어떤 제품을 고르겠습니까?

사람들은 특별한 것, 특화된 것을 일반적인 것보다 선호하는 경향이 있습니다. 누구에게나 두루두루 좋은 것보다 나에게 딱 맞는 것을 좀 더 선호한다는 것입니다. 왜일까요? 한 분야만 파고들면 왠지 더 잘 해결해줄 것 같은 믿음이 생기기 때문입니다. 그래서 이 이야기의 조사 결과, B제품을 고르는 사람이 압도적으로 많았다고 합니다.

지금 여러분은 어떤가요? 매번 당하는 회원의 거절, 매달 계속되는 매출 압박, 반복되는 턱걸이 인센티브. 이것을 해결하기 위해 지금까지 어떻게 해왔나요? 회원을 끌어당기는 브랜드를 구축해야 하는데, 현실은 '아트'처럼 예쁘게만 만들려고 하지 않았나요?

'교정 운동을 배워서 어필하면 PT 계약에 도움이 되지 않을까?'

'해부학을 공부해 운동을 더 잘 알면 분명 회원들이 알아봐주고 PT 프로그램을 신뢰할 거야.'

'지금과 다르게 소도구를 이용한 운동법을 알려주면 분명 재등록을 선택하겠지?'

'대회에서 입상만 한다면 내 운동법을 배우기 위해 PT 문의가 알아서 들어올 거야.'

혹시 이런 생각을 하고 있나요? 그렇다면 안타깝게도 팔리지 않는, 회원들에게 끌리지 않는 아트를 만들고 있었던 것입니다. 처음부터 교정 운동에 흥미를 갖는 사람이 몇이나 있을까요? 회원들이 다양한 소도구 운동을 정말 좋아하던가요? 오히려 기구 사용법을 더 원하지는 않던가요? **다양한 운동법과 센터의 최신 설비 그리고 여러 가지 운동 효과는 브랜드의 요소가 아닌 아트의 요소입니다. 보기에 좋은, 그래서 계약이 아닌 감상평만 들을 수 있었던 것입니다.** 그것은 진정한 티칭이 아닙니다.

끌리는 트레이너들에게는 아트의 요소보다 더 중요한 것이 있습니다. 사람을 끌어당기는 브랜드의 핵심은 단 하나, 바로 '끌리는 슬로건'입니다. 현장에서 일하던 시절, 센터의 간판 트레이너가 되기 위해 제가 만든 브랜드 중 하나가 '코카콜라 트레이너'였습니다. 이 브랜드 덕분에 여성 회원들이 저를 많이 찾아왔습니다. 코카콜라 트레이너라는 브랜드를 알리기 위해 제가 슬로건으로 무엇을 내걸고, 멘트에는 어떻게 녹여냈을까요?

저는 척추를 중심으로 한 코어 운동을 정말 잘 가르쳤습니다. 코어 운동을 해본 분들은 알 것입니다. 팔과 다리를 단련하는 운동과 달리 코어 운동은 몸통에 집중하는 운동이라는 것을요. 그리고 동작이 정적이다 보니 다이어트에는 큰 도움이 되지 않는 단점이 있지요. 그래서 저는 이득을 작게 한정시키고 집중해서 이런 슬로건을 만들었습니다.

"딱 몸통만 만들어드립니다. 다른 건 못합니다. 통자 허리가 고민인 분만 저를 찾아주세요."

만약 내가 꽃뱀에게 피해를 당했다고 생각해보세요. 법에 대해 무지한 나는 매우 답답하고 불안할 것입니다. 이때 전문가인 변호사를 수소문한다면 '상속, 폭행, 사기, 이혼' 등 모든 법률 사건을 처리해주는 만능 변호사에게 상담을 받아야 할까요? 아니면 '꽃뱀만 전문으로 잡는 땅꾼 변호사'라는 슬로건을 달고 활동하는 변호사에게 상담을 받아야 할까요? 꽃뱀 전문 변호사이니 그쪽에 특화된 지식과 경험이 많을 게 분명하지요. 정말로 피해를 최소화하고 싶다면 땅꾼 변호사를 더 신뢰할 수 있지 않을까요?

PT 프로그램의 이득을 '몸통의 변화'에만 한정시키고 집중했더니 오히려 다이어트가 시급한 고도비만의 여성분들까지 저를 찾아와 PT를 계약하는 신기한 상황도 경험하게 되었습니다. 코어 운동은 고도비만 다이어트에 큰 도움이 되지 않는데 왜 그들까지 저를 찾아와 PT를 계약했을까요? ==한정시키고 집중시켰기 때문에 발생한 '단 하나의 신뢰'. 이 작은 신뢰의 돌멩이가 회원들의 마음에 떨어져 파장을 일으켰던 것입니다.== 많지는 않지만 일단 하나는 확실하게 좋아질 것 같은 확신. '일단 하나가 확실하게 변한다면 혹시 몰라. 다른 것들도 어느 정도 좋아지고, 그래서 이번엔 정말 변할 수 있지 않을까?' 막연했던 기대가 점점 선명해지게 됩니다.

사람을 끌어당기는 끌리는 브랜드와 티칭! 핵심은 작게 만들어서 집중시키는 것입니다. 다이어트도 잘하고 교정 운동도 잘하고 전부 다 잘하는 만능 트레이너가 아닌 단 하나에 특화된 트레이너. 의사로 따지면 이것이야말로 전문의입니다.

여러분이라면 전반적인 질환 전부를 다루는 동네 의원에서 진찰비만 10만 원을 요구하면 납득할 수 있나요? 그럼 만약 소화기 내과, 호흡기 내과로 한정된 전문의원에서 진찰비로 10만 원을 요구하면 어떨까요? 가장 이상적인 티칭과 브랜드는 나만의 철학에 맞게 해석된 운동으로 효과를 작게 만들어 한정시키는 것입니다. 이것이 회원의 '혹시나⋯' 하는 기대심리를 자극하고 그리하여 적극적인 참여를 이끌어내게 됩니다.

끌리는 트레이너를 위한
실천 티칭 노하우

LESSON 6

◆ 남다른 성공을 이룬 트레이너들은 어떻게 티칭을 하기에 같은 동작을 하더라도 회원들이 저마다 입을 모아 '뛰어나다, 다르다'라고 칭찬을 하는 걸까요? 우선 다음의 3단계를 주목하십시오.

- 1단계: 말하게 하기
- 2단계: 선택하게 하기
- 3단계: 참여하게 하기

그들은 무턱대고 운동을 시작하지 않습니다. '오늘까지의 성과는 어떠한지', '무엇을 발전시켜야 하는지' 등을 우선적으로 파악합니다. 누가? 트레이너가 아닌 회원 스스로 파악할 수 있는 방향으로 말이죠. 회원 스스로 본인의 상태를 오감으로 느껴야 선장과 같은 트레이너의 제안에 집중하게 되기 때문입니다. 그렇게 집중된 상태에서 설명이나 티칭을 해야 회원의 머릿속에 들어가게 됩니다.

만약 졸고 있는 학생, 옆 친구와 떠드는 학생에게 강의를 한다면 어떨까요? 그 학생들이 수업이 끝난 후 강의를 긍정적으로 평가할까요? 선생님에 대해서는 어떻게 평가할까요? 끌리는 트레이너는 내가 해야 할 티칭에 집중하기에 앞서 회원의 자세를 바르게 만드는 것부터 시작합니다. 마치 제대로 집중해서 강의를 듣는 학생의 자세처럼 말이죠.

1단계 '회원이 말하게 하기'를 통해 오늘까지의 성과를 객관적으로 파악한 회원은 이제 문제 해결 혹은 목표 달성을 위한 가장 효과적인 운동이 무엇인지 알고 싶어집니다. 욕구가 생기고 기대감이 마음 한편에 자리 잡게 되는 것입니다. 이때부터 같은 티칭을 하더라도 회원은 남다르게 받아들이기 시작합니다. 그래서 끌리는 트레이너는 보통의 운동 강사들과 같이 "오늘은 하체 운동하는 날이니 스쿼트, 런지를 배워보겠습니다.", "어깨를 키우고 싶다고 하셨으니 오늘은 어깨에 집중하는 동작들을 해보겠습니다.", "워터볼이라는 소도구로 기존의 동작에 기능성을 더해보겠습니다."와 같이 운동을 소개하고 티칭하지 않습니다. 스스로 말하게 하고, 선택을 유도하여 참여를 이끌어냅니다. 그래서 '꼭 나여야만 하는', '계속해서 나를 봐야만 하는' 티칭을 만들어나갑니다.

3개월도 안 되는 시간에 운동 경험도 전무한 회원이 트레이너와 같은 몸매를 만들 수 있을까요? 어떠한 회원이 오더라도 기대하는 수준의 변화를 반년도 안 되는 시간 안에 만들어줄 수 있다고 확신하나요?

'나도 선생님 같은 몸이 되고 싶다.'
'나도 선생님처럼 폼 나게 운동하고 싶다.'

회원의 그 바람을 이루어주는 것. 그것이 운동 강사의 올바른 마음가짐 아닐까요? 그래서 여러분의 인식 변화가 필요합니다. 이것은 선택의 문제가 아닙니다.

서비스업으로 분류되어 있지만 서비스업의 본질에서 벗어나 있는 PT 프로그램. 본디 일반적인 서비스업이라 하면 고객은 가만히 앉아서 서비스를 받아야 합니다. 하지만 PT 프로그램은 어떤가요? 고객인 회원이 가만히 앉아서 트레이너의 서비스를 받기만 하나요? 오히려 반대로 회원이 열심히 움직이고 서비스를 제공해야 할 트레이너는 가만히 서서 말만 하고 있지 않나요? 그래서 인식을 바꾸고 티칭에서의 말하기를 체크해보아야 합니다.

가만히 앉아서 서비스만 받기 때문에 서비스를 제공하는 전문가의 실력이 곧 결과인 일반적인 서비스업. 그래서 미용사, 피부관리사, 물리치료사는 경력과 자격이 중요합니다. 하지만 PT 프로그램은 1개월의 초짜 트레이너도 기대감을 심어주고 참여하게 만들어 적극적으로 운동하게 만들면 경력과 관계없이 좋은 결과를 만들 수 있습니다. 5년의 경력과 수

많은 자격을 갖추어 전문성은 뛰어날지라도 학생주임형처럼 꼰대 같고, 안내데스크형처럼 알아서 떠먹여주는 경우 오히려 회원의 참여도가 떨어지고 나태해져 기대했던 결과에 한참 못 미치는 일도 트레이닝 현장에서는 부지기수로 발생합니다. 그렇기 때문에 "운동이 전부다."라는 인식을 바꿔야 합니다.

우리 산업 현장이 AI 산업이 되고, 4차 산업으로 변모하면서 없어질 직업으로 사람의 감정을 다루지 않는 법조계나 의료 쪽 일을 이야기합니다. 그쪽에 AI 기술이 접목되면 사람은 그 기계를 넘어설 수 없다는 것이 정설입니다. 그러나 감정과 관련된 직업은 다릅니다. 그 감정을 다루는 직업 중에 트레이너가 있습니다. 그래서 저는 트레이너를 축복받은 직업이라고 이야기합니다. 기술이 대체할 수 없는 감정과 멘탈을 잡아주는 역할을 회원들에게 어필한다면 대체 불가의 평생 직업이 될 수도 있습니다. **회원의 감정선을 읽고 선장처럼 방향을 잡아주는 트레이너의 티칭, 이것이 앞으로 펼쳐질 피트니스 산업에서 중요한 부분으로 떠오를 것입니다.**

저는 수강생들에게 티칭은 무조건 결과로 이야기해야 한다고 강조합니다. 실전에서는 더더욱 그럴 수밖에 없습니다. PT 레슨이 종료되면 최종 결과가 트레이너의 실력과 평가의 객관적 기준이 되기 때문입니다. 그런데 만약 트레이너가 회원의 참여를 이끌어내기보다 '오늘은 무엇을 알려줄까?'에만 집중하다 보면 이런 상황을 종종 만나게 됩니다. 처음에 약속한 3개월 안에 몇 킬로그램을 빼준다는 목표를 달성하지 못하는 상황 말이죠. 아무리 티칭을 잘해도 회원이 수업 때만 운동하거나 제안을 잘 안 듣는 상황이 나올 수도 있습니다. 그렇게 되면 당연히 기대했던 결과와는 멀어지게 되고, 결국 트레이너의 원래 실력보다 회원의 결과가 그 트레이너의 실력이 됩니다.

실전 티칭을 위해 조언을 해드리자면, '레슨에서는 운동이 가장 중요하다.'라는 생각을 바꿔야 합니다. 과정에서의 의미도 중요하지만 돈이 오고가는 계약에서는 결국 트레이너가 회원에게 어떤 영향력을 줘서 어떤 변화를 주는지가 중요합니다. 회원을 끌고 가는 그 리더십이 가장 중요한 것입니다.

트레이너가 된 지 1개월밖에 안 되었어도 리더십으로 회원이 적극적으로 참여하게 만들어 남들보다 두 배 이상의 운동 결과를 만들어낼 수도 있습니다. 운동에 대한 전문성이 조금 떨어져도 충분히 가능한 일입니다. 핵심은 영향력과 참여입니다. 그 끌어주는 리더십을 통해 회원이 하나씩 트레이너의 제안을 몸으로 느끼게 하면 그것이 회원의 입장에서는 최고의 티칭이 됩니다.

남다른 티칭,
회원에게 라벨을 붙여라

◆ PT도 결국 회원에게 판매하기 위한 상품 중 하나입니다. 그래서 티칭에는 '체형 검사', '꼼꼼한 설명', '정확한 동작 안내'와 '마케팅 요소'도 함께 고려되어야 합니다. 일단 고객인 회원에게 팔려야 레슨의 진면목을 보여줄 수 있을 테니까요.

지금부터 소개해드릴 티칭의 기술은 마케팅 기법 중 '라벨 붙이기'라고 불리는 참여 요소입니다. 요즘 MBTI라고 하는 성격 유형 검사가 유행하고 있죠? 그전에는 혈액형별 성격 유형 테스트가 유행이었습니다. 여기서 증명되는 부분이 **대다수의 사람들은 자기가 어떤 유형의 사람인지 알고 싶어 한다는 것입니다.**

사회적 동물인 인간. 그래서 상대방의 생각과 행동의 이유에 대해 늘 궁금하고 관심이 있습니다. 여기서 상대방의 유형을 알게 된다면 '예측 가능성'이 높아지고, 그러면 판단의 실수를 줄여 후회로 남을 일을 만들지 않을 수 있습니다. 때문에 누구나 '나는 이런 사람이다.'라는 것을 알려주는 유형에 민감할 수밖에 없습니다. 여러분도 친구들끼리 돌려보고 특히 친한 사람일수록 공유해서 "넌 무슨 유형 나왔어?"라며 테스트 콘텐츠에 참여하지 않았나요?

유형을 분류하는 라벨 붙이기도 티칭 과정의 요소요소에 넣는다면 회원의 관심을 유도하고 적극적인 참여를 이끌어내는 데 참 유용합니다. 이러한 심리와 원리를 이용해 저는 티칭을 하는 중간중간 회원에게 이렇게 질문하며 라벨을 붙여주었습니다.

"회원님, 지금부터 해볼 동작에선 흔히 세 가지 유형의 사람들이 있습니다. 제대로 자극을 받는 유형, 허리에 힘이 들어가는 유형, 중심이 잡히지 않는 유형. 그러니 제 시범을 보고 최대한 똑같이 따라 해보세요. 그래서 스스로 어떤 유형에 가까운지 느껴보는 것입니다. 우리는 앞으로 2주 동안 판별되는 유형에 맞추어 단계별 운동법을 실행하고 성장해서 다음 단계로 넘어가야 하거든요. 회원님이 집중해서 잘 따라와야 효율적으로 할 수 있는 부분입니다. 그러니 잘할 수 있지요?"

이렇게 라벨을 붙여주며 적극적인 참여를 제안하고 이끌어낸다면 회원의 행동이 변하게 됩니다.

혈액형에 따른 유형 분류로 여러분도 이미 경험했을 것입니다. 사교적인 O형, 내성적인 A형. '대체적으로 이렇다.'라는 유형의 기준 때문에 참

재미있는 상황이 연출됩니다. O형임에도 사교적인 성격이 아닌 민수. 그런데 사람들과 함께 어울려 있을 때면 의식적으로 O형처럼 행동하려고 합니다. 왜냐고요? 언젠가 친구들이 민수에게 이렇게 이야기했기 때문입니다.

"야! 넌 O형이면서 왜 항상 그러냐?"

여러분도 이런 경험 한 번쯤 있지 않나요? 그래서 티칭에서의 라벨 붙이기는 효과가 정말 좋습니다. 회원이 스스로 유형의 기준에 맞추어 이해하고 행동하는 적극성이 만들어지기 때문입니다.

흔히 OT라고 부르는 샘플 트레이닝을 생각해보십시오. OT 수업에서 가장 중요한 것은 회원이 개인 PT의 효과에 확신을 가질 수 있도록 만드는 것입니다. 그래서 TRX, 케틀벨, 보수 등등 다양한 소도구 교육을 통해 기술을 보완하고 해부학, 생리학, 영양학을 공부하며 회원들에게 최대한 많은 정보를 주려고 합니다. 그런데 회원들의 반응은 어떠한가요?

"선생님, 저 빨리 PT 받고 싶어요."
"전 PT가 필요한 사람이에요."

이렇게 말하며 적극성을 보여주던가요? 제가 일대일 밀착 강의를 진행하고 원데이 단체 세미나도 진행해보니 회원과의 PT 계약에 난항을 겪고는 있지만 단 한 번의 운동으로 회원에게 변화를 체감시켜주는 것에 능숙한 분들이 있었습니다. 단 50분 만에 변화가 생겼음에도 왜 회원들의 반응은 뜨뜻미지근했던 걸까요? 이야기를 들어보니 티칭에서 회원에게 라벨을 붙이지 않았다는 공통점이 있었습니다. 변화를 눈으로 확인하고 피부로 느끼려면 라벨을 붙여 비교할 수 있는 기준을 만들어주어야 하는데 그러지 못했던 것입니다.

여기서 한 가지 조심해야 할 것이 있습니다. **제가 말하는 라벨은 바로 '유형 테스트'를 뜻합니다. 기존의 '검사', '평가'로 불리며 전문가가 문제를 찾아주는 테스트가 아닌 보편적인 유형을 찾아내는 테스트.** 이 둘의 차이는 회원 스스로 테스트를 할 수 있느냐, 그렇지 않느냐로 나뉘고 MBTI 성격 유형 테스트처럼 누구나 스스로 할 수 있어야 합니다. 이 구분되는 포인트를 꼭 기억해야 티칭에 '라벨 붙이기'라는 마케팅 기법을 녹여낼 수 있습니다.

말을 바꾸면 내일이 달라지고
마케팅을 바꾸면 한 달이 달라지고
기획을 바꾸면 10년이 달라진다는 말이 있습니다.
습관인 말을 바꿔야 하는 만큼
헬스트레이너라는 직업에 대한
기본 마인드부터 바꾸시기를 바랍니다.
모든 성공은 습관에서부터 시작된다고 합니다.
여러분의 습관을 돌아보고
어디를 고치면 달라질 수 있는지
확인하는 과정이 필요합니다.
우리 헬스트레이너 사업의 미래,
여러분의 작은 변화에서 시작됩니다.

PART 7

트레이너
사업의
미래

열심히 하는 트레이너는 도태된다?

◆ 전 지점의 매출 왕, 센터의 간판 트레이너들은 시상식에서 비법을 알려주지 않습니다. 그저 회원에게 진정성 있게 어필했다는 등 상투적인 말만 하죠. 목표를 높게 설정하고 성실하게 열심히 했다고, 여러분도 나처럼 목표를 높게 잡고 성실히 일하라고만 합니다. 마치 "교과서만 보고 공부했어요."라고 말하는 수능 만점자의 인터뷰처럼 말이죠.

그렇다면 과연 우직한 것만이 능사일까요? 인터넷과 모바일의 발달로 회원들은 점점 전문가 수준으로 발전하고 있습니다. 심지어 트레이너보다 더 트레이너 같은 몸을 가진 운동 유튜버가 항상 함께합니다. 앞으로 고객들은 기왕이면 좋은 서비스를 가성비 좋게 얻기 위해 발품을 팔아 선택하려 할 것입니다. 이런 상황에서 과연 성실하게 열심히만 한다고 어필이 될까요? 고객들은 우리들의 말보다 자신들의 검색을 더 신뢰하는데요?

열심히 일하는 것보다 중요한 것은 효율적으로 일하는 것입니다. 모래 더미에서 철가루를 찾기 위해 두 손, 두 팔 들고 뛰어드는 것과 자석을 사는 것. 몸으로 찾는 사람에게 정성은 느껴질지 몰라도 모래알 같은 철가루를 찾을 거라는 기대는 하지 않습니다. 열심히만 해서는 절대 팔리지 않습니다. 성실하고 우직하다고 해서 큰돈을 벌지는 못하는 게 지금 우리의 환경입니다. 시대의 흐름에 맞는 성공적인 방식을 유연하게 받아들여야만 성공할 수 있는 세상인 것이죠. 트레이너라는 직업에 맞는 효율적인 방법을 찾아야 합니다.

혹시 철가루에 자석을 갖다 대면 어떻게 되는지 아나요? 자석이 철가루에 붙는 게 아니라 철가루가 자석에 붙습니다. 현장을 누비며 PT에 가망 있는 회원을 찾아내는 방식은 힘은 힘대로 들고 소득은 현저히 적습니다. 그런데 만약, 정말 만약에 가만히 있어도 가망 회원이 알아서 모여든다면? 심지어 알아서 계약하고 돌아가게 만드는 방법이 있다면 어떨까요? 네, 맞습니다. 시대의 흐름은 운동 강사에게 말하고 있습니다. 일벌처럼 일하지 말고 향기와 꿀을 갖춘 '꽃'이 되라고요. 내가 벌이 아닌 꽃이 된다면 벌들은 알아서 모이게 될 것입니다.

최근 창업을 주제로 한 인기 드라마가 있었습니다. '스타트업'이라는 제목의 드라마인데요, 본론을 말씀드리기에 앞서 여러분에게 한 가지 물어보겠습니다. 여러분은 드라마틱한 현실이 존재한다고 생각하나요? 저의 생각은 이렇습니다. '어딘가에 있을 수는 있겠지만 지금도 그리고 앞으로도 내 이야기는 아닐 것이다.' 열세 살의 나이로 대학에 입학하는 수학 천재나 대기업의 수양딸이 되는 그런 일은 제 주변에서 보지 못했으며 앞으로도 못 볼 것이기 때문입니다.

〈스타트업〉이라는 드라마의 내용은 이렇습니다. 시각장애인을 위한 어플을 개발한 스타트업 기업. 뛰어난 기술력과 타고난 끈기 덕분에 어플의 성능을 따라올 경쟁자가 없습니다. 즉, 업계에서 독보적이며 장애인을 위한 어플이기 때문에 사업의 취지 또한 좋지요. 그래서 주인공들은 생각합니다. 우리에게 투자해줄 기업이 당연히 있을 것이라고요. 하지만 극중 투자 전문가는 이렇게 조언을 합니다.

"수익성은 없고 의도만 좋은 기업에 누가 투자를 해주죠? 투자자는 자선 사업가가 아닙니다."

드라마의 결과는 어떻게 되었을까요? 투자 전문가의 조언대로 스타트업 기업은 투자를 받지 못했습니다. 대신 드라마이기 때문에 특출한 능력과 특유의 행운을 가진 주인공 단 한 사람의 힘으로 시각장애인 어플이 운영됩니다.

제가 왜 이 이야기를 한 걸까요? 목적에 선의가 있으면 그것은 굉장히 긍정적으로 보입니다. 그래서 그 결과 또한 긍정적으로 바라봅니다. 진정성 있는 트레이너, 준비되고 완성된 트레이너가 그렇습니다.

과연 진정성이 있다는 이유로 회원이 PT 계약을 할까요? 준비되고 완성된 트레이너라고 해서 100만 원이 훨씬 넘는 PT 가격을 납득할까요? 10회, 30회, 50회, 100회…, 회원은 얻게 될 이득을 기대하며 PT에 투자하는 것입니다. 그저 좋은 의도와 믿을 수 있다는 사실 하나만으로 PT에 투자하지는 않습니다.

단순히 열심히만 하는 트레이너가 되지 마십시오. **회원들이 여러분의 매력에 이끌려 알아서 달라붙을 수 있는 나만의 '자석'을 만드십시오.** 나만의 브랜딩을 만들지 못한 트레이너는 앞으로의 미래가 순탄하지 않을 것입니다.

피트니스 사업의 핵심 키와 트레이너의 주요 업무

LESSON 2

◆ 이번에는 아는 분들은 너무나 잘 알고, 모르는 분들은 더듬더듬 알아가는 트레이너의 업무 우선순위에 대해 이야기해보려 합니다. 여러분은 트레이너의 업무가 어디부터 어디까지라고 생각하나요? '회원의 운동 관리', '철저한 식단 관리', '습관과 멘탈 관리'만 잘하면 되는 것일까요? 정말 그럴까요?

PT 매출의 압박 없는 베테랑 트레이너들은 이렇게 이야기합니다.

"PT 등록을 이끌어내는 것! 이것이 가장 중요한 트레이너의 업무다."

베테랑이라서 아는가 봅니다. PT 등록이 없으면 수업을 할 수 없고, PT 등록이 없으면 내 직장이 없어질 수 있고, PT 등록이 없으면 트레이너의 존재 의미가 없습니다.

회원의 건강한 몸을 만들어주기 위해 트레이너에게 해부학, 생리학, 영양학, 운동법과 같은 전문지식이 준비되어 있어야 하기는 합니다. 그런데 열심히 준비해놓았는데 막상 회원의 PT 등록이 없다면 그 전문지식을 발휘할 기회가 없습니다. 때문에 **우선순위를 따진다면 회원이 PT를 등록하는 것! 그것이 1순위가 될 수밖에 없습니다.**

여러분은 트레이너 업무를 수행하다가 능력의 부족함을 느끼면 어떻게 해왔나요? 책을 사서 공부하거나 주말을 반납하고 교육을 찾아 듣지 않았나요? 그럼 만약 성숙하지 못한 상담법으로 매달 매출에 대한 압박이 들어와 고민이라면? 그래서 그것이 스트레스로 다가온다면 어떻게 해야 될까요?

말하는 방법 또한 트레이너로서 갖추어야 할 기본 소양이기에 제대로 준비해야 합니다. 검색 한 번으로 기술을 찾을 수 있는 기계미 가득한 세상에서 이제는 잘 듣고, 잘 말하는 대화의 분위기에서 보여주는 리더십과 인간미가 '꼭 이 트레이너여야만 하는 이유'가 되는 세상이니까요.

줄을 서야만
살아남는다

◆ 트레이너에게는 두 부류의 고객이 있습니다. 하나는 회원이라 부르는 고객, 다른 하나는 직원이라 부르는 고객입니다. 한 직장에 3년 이상 근무하는 직원을 찾아보기 힘든 업종, 그 대표주자가 바로 헬스장, 피트니스 업종입니다.

돈만 보고 비교하는 회원들처럼 상권과 인센티브만 보고 비교하는 직원. 저렴한 가격에만 이끌려 PT를 결정한 회원들이 질 낮은 레슨이나 성의 없는 관리로 '싼 게 비지떡'이라는 인식만 가져가는 것처럼 오로지 인센티브에만 이끌려 센터를 선택한 직원들. 그래서인지 '이 센터에 근무하며 얻게 되는 성장의 기회'를 찾지 못하고 항상 하이에나처럼 두리번거리기 바쁩니다. 청소 같은 업무는 적게 하면서 인센티브는 높은 곳. 그리고 만약 그곳의 상권이 좋아 PT 상담 수요가 많아 보인다면 미련 없이 옮겨버립니다.

'꼭 나와야만 하는 이유'로 회원을 달라붙게 만들어야 합니다. 줄 서지 않고 언제든지 찾을 수 있는 선택형이 아닌 기다리고 갈급한 상태에서의 선발형으로 끌리게 만들어야 합니다.

충분한 물량의 상담 기회도 제공해주고, 자석처럼 끌어당기는 브랜딩으로 성향 좋은 회원들만 붙여준다면 과연 직원이 본인의 저조한 매출 원인을 센터에서 찾으려 할까요?

"우리 센터는 기구가 노후되었어."
"우리 센터는 상권이 너무 안 좋아."

그렇기 때문에 회원을 끌어당길 수 있는 자석을 반드시 만들어야 합니다. 회원의 선택을 기다리는 것이 아닌 줄 서 있는 회원을 선발하는 형태가 되었을 때 비로소 직원들은 업무 강도, 센터 청소, 급여 테이블의 단점을 찾기보다 '성장의 기회'로 눈을 돌려 꼭 이 센터에서 근무해야 하는 장점을 찾게 됩니다.

"우리는 회원이 먼저 PT를 받고 싶다고 찾아와서 따로 가격 할인도 안 하는데? 너네는 안 그래?"
"우리는 OT 신청이 너무 많이 들어와서 골라서 진행하는데 너네는 안 그런가 봐?"

회원을 줄 서게 만든다면 피트니스 사업의 핵심 키인 직원의 구인 문제도 '1+1'로 함께 해결될 것입니다. 그래야만 끝까지 살아남을 수 있습니다.

〈생활의 달인〉
vs 백종원

◆ 인기 프로그램 중 〈생활의 달인〉이라는 프로그램이 있습니다. 그 프로그램에 소개되는 달인들 중 상당수가 인터뷰에서 이런 말을 합니다.

"수년간의 경험이 녹아 있기 때문에 저 말고는 아무도 이 비율을 맞출 수 없습니다."

이 프로그램에서는 언제나 쉬지도 못하고 혼자서 모든 일을 떠안은 달인들의 모습만 나옵니다. 그들은 분명 타고난 전문가입니다. 사업에서 핵심 역할을 하는 스타플레이어입니다. 그렇기 때문에 우리는 그들을 달인이라 부르지, '사업가'라 부르지 않습니다.

그럼 달인만큼의 경험과 실력을 갖춘 백종원. 우리는 왜 그를 달인이라 말하지 않고 사업가라 이야기하는 걸까요? 〈골목식당〉이라는 프로그램에서 그는 평범한 식당에 고객을 끌어당기는 자석을 만들어줍니다. 그리고 식당 사장 스스로 할 수 있도록 레시피를 가공하고 흡수시켜 자립하도록 도와줍니다.

피트니스 업계의 고질적인 문제를 해결하기 위해 이 두 프로그램의 차이를 눈여겨보아야 합니다. **나 혼자 잘하는 생활의 달인과 주변을 성장시켜주는 사업가 백종원.** 지금도 현장에서는 생활의 달인을 목표로 하는 트레이너, 달인이 되어 성공한 트레이너들의 오해로 다음과 같은 상황이 계속해서 반복되고 있습니다.

재작년 봄부터 모 헬스장에서 부푼 기대와 꿈을 안고 트레이너를 시작한 A씨와 B씨. 둘은 입사 동기이자 같은 체육학과 출신입니다. 사적으로도 사이가 좋은 두 사람은 붙임성이 좋은 데다가 호남형으로 누가 봐도 트레이너 같았죠. 같은 학교에서 공부를 하고, 같은 직장에서 기술을 닦으며 순조롭게 성장하는 듯했는데 입사 3개월 이후부터 명확한 차이가 나타나기 시작했습니다. 바로 매출의 차이였습니다.

A씨는 1,000만 원 전후의 일정한 매출을 유지하는 데 반해, B씨는 평균 300만 원 수준으로 줄곧 제자리걸음 상태가 이어지고 있는 상황. 동일한 환경에서 트레이너의 길을 걸어온 두 사람인데 매출은 세 배 이상의 차이가 나는 현실.

회원을 대하는 열정의 차이가 원인이었을까요? 아니요, 그렇지 않았습니다. 오히려 회원들과의 주기적인 연락과 DM 발송 등의 노력을 게을리

하지 않은 사람은 B씨였습니다. 그럼 결국 'A씨에게는 PT를 계약하는 말센스가 있고, B씨에게는 말 센스와 소통 능력이 부족하다.'라고 결론지으며 개인차를 인정해야 할까요?

만약 이것을 인정한다면 '타고난 능력에 의해 센터의 간판 트레이너가 될 수 있는 사람과 평범한 트레이너가 되는 사람이 결정된다.'는 의미가 됩니다. 마치 조선시대 신분제도처럼 후천적 노력은 의미가 없어지고, 선천적 기질로만 성공의 위치가 결정된다는 것에 여러분은 동의할 수 있나요? 저는 동의할 수 없습니다.

방금 소개한 두 트레이너의 '대조적인 상황'이 수많은 피트니스센터와 트레이너 개인이 공통적으로 안고 있는 심각한 경영 과제일 것입니다. 예를 들어 운동 기술에는 기본 기술이 있기 때문에 성실히 익히면 누구나 비슷한 스타일의 티칭 스타일을 완성할 수 있습니다. 반면 PT 계약에 필요하고, 매출을 올리기 위해 필요한 회원과의 커뮤니케이션에는 기본 매뉴얼이 확립되어 있지 않습니다.

커뮤니케이션 매뉴얼이 확립되어 있지 않기 때문에 수많은 트레이닝 현장에서 매출을 올리는 대인관계 센스를 가진 사람은 별다른 말을 하지 않아도 실적이 따라오는 반면, 운동 기술은 있지만 센스가 부족한 사람은 실적 부진에 시달리게 됩니다. 즉, 매출을 올리는 중요한 업무가 사실상 트레이너 개인의 성향에 달려 있다는 인식이 생기는 것입니다. 만약 이와 같은 불확실한 상태가 지속된다면? 그것이야말로 피트니스센터의 생존

경영에 매우 중요한 리스크로 작용하지 않을까요?

　수많은 피트니스센터에서 하루빨리 해결해야 할 과제는 사업가 백종원이 죽어가는 식당을 살려주는 것처럼 기본 매뉴얼을 통해 누구나 일정 매출을 올릴 수 있고, 효율적으로 회원과 커뮤니케이션할 수 있는 방법을 마스터하도록 상황을 개선하는 것입니다. 직원이 스스로 수년간의 경험과 노하우를 녹여내 자신만의 독창적 레시피를 만들어낸 생활의 달인처럼 스스로 PT 상담의 기술을 만들어낼 때까지 경영 상황은 기다려주지 않습니다. 그리고 만약 직원이 달인으로 성장한다면 과연 지금의 센터에 만족하고 계속 근무를 할까요? 더 좋은 조건의 센터를 찾아 떠나거나 자신만의 센터를 창업하지 않을까요?

　사실 앞서 소개한 두 명의 트레이너는 제 수강생이었습니다. 월매출 300만 원으로 고전하고 있던 B씨는 코칭을 받은 지 한 달 만에 620만 원의 매출을 올리고, 현재는 평균 1,000만 원의 매출을 유지하고 있습니다. 그리고 A씨는 강압적인 세일즈 방식에서 회원이 스스로 결제하는 방식으로 교정하여 전보다 안정적이고 편안하게 1,000만 원 이상의 매출을 올리고 있습니다. 이런 매출의 변화가 이루어지기까지 얼마나 걸렸을까요? B씨의 경우 세 달이면 충분했습니다.

　A씨와 B씨가 특별했던 것은 아니었습니다. 그들 이외에도 월 매출 500만 원 미만으로 고민하던 운동 강사들이 끌리는 트레이너의 스피치 기술을 흡수하고 실천하기 시작한 지 평균 3개월 안에 150퍼센트, 200퍼센

트의 매출을 올리고 회원이 스스로 찾아오게 만드는 마케팅까지 도전한 사례가 전국 각지의 피트니스센터에서 지금 이 순간에도 계속되고 있습니다.

열심히만 하는 트레이너, 생활의 달인과 같은 트레이너, 그들은 도태될 수밖에 없습니다. 단 한 명의 스타플레이어로 뒤집을 수 있는 게임이 아니기 때문입니다. 복잡한 공정과 감각적 전달로 3년, 5년 수련해야 하는 달인의 맛집이 아닌 대중적인 입맛을 사로잡고 누구나 레시피대로 뚝딱 만들 수 있어야 합니다.

경험 삼아 한번 찾아가보는 소문난 맛집이 아닌 매일같이 찾고 싶은 기본이 탄탄한 프랜차이즈의 방향으로 가야 합니다. 회원을 달라붙게 만드는 대화의 기술을 기본 소양으로 이끌어주고 성장시켜주고, 그래서 돈을 벌게 해주어야 합니다. 그것이 회원과 직원 모두를 달라붙게 만드는 최고의 비법입니다.

이제 회원들이
줄을 서게 될 것입니다

헬스트레이너는 참 버티기 힘든 업종 중 하나입니다. 발을 들여놓은 후 3년 이상을 버티는 사람이 많지 않습니다. 이유가 뭘까요? 그것은 이 직업을 바라보는 마인드의 방향이 잘못되었기 때문입니다.

헬스트레이너는 단순히 운동의 기술만 가르치는 사람이 아닙니다. PT 숍을 찾는 회원들은 단순히 운동만 생각하고 올 수도 있지만, 적어도 끌리는 트레이너를 만난 회원들은 그렇게 생각하지 않습니다. 단순히 기술적으로만 접근한다면 가격을 비교할 수 있겠지만 앞으로 펼쳐질 인생을 놓고 본다면 회당 2~3만 원의 차이가 의미가 있을까요?

만약 회원이 몸을 바꾸는 과정에서 그동안 느끼지 못했던 성실함의 가치를 깨닫는다면 몸 하나만 변한 것으로 끝일까요? 이번에 깨달은 성실함의 가치가 저축의 습관을 만들어주고, 그것이 목돈으로 쌓여 재테크의 기회까지 만들어주는 결과로 이어지지 않을까요? 단순히 운동만 생각했던 회원이 나비효과처럼 자신의 인생에 가져올 영향력에 대해 공감한다면 2~3만 원의 차이는 눈에 들어오지도 않을 것입니다.

저는 이 책이 헬스트레이너의 직업관과 마인드를 바꾸는 책이 되기를 바랍니다. 그리고 이 책을 통해 고객에게 끌려다니는 헬스트레이너가 아니라 고객을 끌고 가는 헬스트레이너로서 성장하기를 바랍니다. 그러기 위해서는 적어도 이 두 가지, 말하기와 마인드를 바꿔야 합니다.

첫 번째로 기억해야 할 것은 말하기입니다. 유창하게 말을 잘하는 트레이너가 되어야 한다는 뜻이 아닙니다. 오히려 회원이 더 많은 말을 하도록 유도해야 합니다. 그러기 위해 가장 필요한 것이 질문의 언어입니다. 회원이 무엇을 원하는지 말하게 하려면 질문을 해야 합니다. 단, 취조하듯이 질문하지 말고 선장과 같은 리더십으로 전문가답게 여러분에게 의지하도록 분위기를 만들고 질문해야 합니다.

두 번째로 기억해야 할 것은 마인드입니다. 헬스트레이너는 회원에게 서비스를 제공하는 게 아니라 운동이라는 수단을 통해 인생의 변화를 선물해주는 컨설턴트입니다. 그러므로 백화점의 안내데스크처럼 과도한 친절과 저자세로 고객을 대하거나 고객에게 끌려다니지 않았으면 합니다. 이게 제가 헬스트레이너들에게 바라는 마인드입니다.

저는 수많은 컨설팅을 진행하며 창안해낸 PT 상담의 성공 법칙과 그 어디서도 만나기 힘든 말하기 노하우를 이 책에 꼭꼭 눌러 담았습니다. 그 노하우가 분명 여러분의 미래를 바꿔놓을 것입니다. 이 책을 읽고 나면 지금까지 고객을 기다리며 하염없이 휴대전화만 바라보던 일상에서 회원들이 여러분 앞에 줄을 서는 대변화가 생길 것입니다. 얼마나 기분 좋은 변화입니까? 심지어 이 변화에는 돈도 따라옵니다. 여러분에게 고소득의 희열도 줄 것입니다. 그리고 직업에 대한 자부심도 높여줄 것입니다. 부모님에게 당당히 내 직업을 자랑할 수 있는 자부심도 줄 것입니다. 그 멋진 변화를 위해 제가 드릴 수 있는 모든 것을 이 책에 담았습니다.

첫 만남에서 회원을 사로잡는 방법, 그 회원의 멘토가 되는 방법, 그 회원이 다시 방문하고 재계약하게 만드는 방법 그리고 여러분의 월급과 연봉을 올리는 방법 등 이 책에는 끌리는 헬스트레이너, 돈 버는 헬스트레이너가 되는 다양한 길이 제시되어 있습니다. 그러므로 여러분은 그냥이 책이 시키는 방법대로 따라 하기만 하면 됩니다. 지금까지의 습관을 내려놓고 실천하며 마인드와 제스처, 말하기를 바꾸면됩니다. 이제껏 질문 한번 못 하던 어느 헬스트레이너도 제 방법대로 해 획기적으로 바뀐 인생을 맞이하고 있습니다. 여러분도할 수 있습니다. 부디 멋진 변화를 이루시기를 바랍니다.